Output
Thinking
The Art of
Productivity

アウトプット思考

1の情報から10の答えを導き出すプロの技術

内田和成
Uchida Kazunari

PHP

はじめに――「人とは違う視点」を手に入れるために

✝インプットを最小にして、アウトプットを最大にする

情報を活用することを生業(なりわい)として、もう40年になる。

最初の10年は普通のサラリーマンとして働いていたが、その後は経営コンサルタントとして25年、ビジネススクールの教師として15年。いわゆる「知的生産」と呼ばれる仕事を手がけてきた。

そんな仕事をする中で、多くの人に驚かれたことがある。それは、「内田さんにはどんなテーマで質問しても、あるいは議論しても、すぐに答えが返ってくる」「それも、他の人とは違う、ユニークな答えが返ってくる」ということだ。彼らには私がよほど頭の回転が速く、脳内に無数の引き出しがある記憶力に優れた人に見えたようだ。

しかし、これは大きな誤解である。私はそんなに脳みそのキャパが大きいわけでもなければ、記憶力もよいほうではない。

では、なぜ人から「頭の回転がよい」と思ってもらえたのだろうか？

その理由をひと言で言うと、情報の集め方とその活用法（情報の格納の仕方と引き出し方）が人と違っていたからだと思う。

多くの人は、情報（データ）は多ければ多いほどよいと思っている。また、専門性を深めるためには、いろいろな知識あるいはスキルを身につけるべきだと考える。だから、情報収集と整理（すなわちインプット）に多大な労力を費やす。要するに、より多くの優れた情報を集め、それをたくさん記憶している人ほど、できる人だということだ。

かつては私もそう考えていた。なるべく多くの情報を集めようとしたし、情報を整理して利用するための様々な方法も試してみた。

しかし、せっかく集めた情報のほとんどは、活用されることなく終わってしまう。インプットにかける労力と比べ、それを活用（アウトプット）する場面は極めて少ない。これでは割に合わないと感じるようになった。

そこで発想を変えた。インプットを最小にして、アウトプットを最大にすることができないかと考えるようになったのだ。

つまり、情報収集や整理になるべく時間をかけず、最大のアウトプットを出すという発想である。そして、そのための方法を模索し、実践してきた。すると、いつの間にか

「頭の回転が速い人」との評価を得ることができるようになってきた。

その方法論を『アウトプット思考』というタイトルでまとめたのが、本書となる。

†芽が出てから注目するのではなく、「種子」を見つけるために

私が仕事において常に求められていたことは、「人と差別化できる、新しいものを生み出すこと」だった。そして、それは今、あらゆる業種で働く人に求められていることでもある。

いくら多くの情報を集めても、その情報が誰でも手に入るものであれば、差別化するのは難しい。これが「インプットから入る」アプローチの弱点だ。

種子のうちからどんな花が咲くかを予想して行動すれば、他者よりずっと先に行ける。芽が出てから注目したところで、すでに多くの人が知るところになっているだろう。ましてや花が咲いてから注目しても、そこにはもう多くの人が群がっている。

本書で紹介するのはまさに、そんな「種子」を見つけるための方法論だ。

そのためのコツを一つ上げるとすれば、「アナログの活用」だ。情報というとデジタルデータを思い浮かべる人が多いと思うが、例えば街を歩いていて、「これ、なんだろ

う」と思ったことや、人と会話をしていて「面白いな」と感じたことも、立派な情報だ。

こうした肌感覚ともいえるアナログ情報を活用してこそ、他人に先駆けて世の中の変化に対応したり、新しいものを生み出すことができる。私はそう考えている。

†ＡＩに代替されないために

情報収集＆活用といえば、今話題のＣｈａｔＧＰＴに代表される「対話型ＡＩ」を思い浮かべる人が多いだろう。新しいもの好きの私も、２０２２年末というかなり早い段階から使ってみた。

そして、半年ほど使用してみたうえでの私なりの結論は、「対話型ＡＩは情報収集や整理には向いているが、何かを判断したり、新しいものを生み出したりするのには向いていない」ということだ。

情報の検索や収集には、対話型ＡＩはとても役に立つ。すでにわかっていることや、自分の散らかった思考の整理にも便利だ。情報に間違いが多いので仕事には使えないといった話もあるが、いずれ時間が経てばＡＩも学習し、人間よりもよほど正確な情報を提供できるようになるだろう。

ただ、対話型ＡＩにはそもそも、何かを判断するという基準が埋め込まれていない。また、あくまで過去のデータを検索してアウトプットをする以上、新しいものを生み出すことはそもそも難しい。

簡単に言えば、対話型ＡＩはすでにあるものを活用してそこに付加価値を生み出すものだが、私が本書で提唱する知的生産術は、新しいものを生み出すことに力点を置いている。

人と同じ情報源を元に、人と同じような発想をしていては、仕事で差別化することは今後ますます難しくなり、より若い人やＡＩに置き換えられてしまう可能性が高くなる。だからこそ、どれだけ他人や他社と異なるものの見方ができるか、あるいは人より早く自分なりの回答を導き出せるかが重要となる。本書をそのために役立てていただきたい。

２０２３年５月

内田和成

◆アウトプット思考 ——目次——

CONTENTS

第3章 自分の「立ち位置」を意識することが、差別化の第一歩

第4章 知的生産の秘蔵のノウハウ「20の引き出し」

第5章 最もラクな差別化戦略「デジタルとアナログの使い分け」

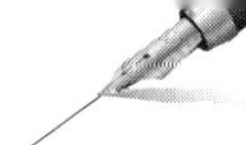

CONTENTS

第6章 コンサルタントが最も重視する「現場情報」の集め方

私の情報源①

CONTENTS

第7章 私の情報源② 新聞・雑誌、本、テレビ、ネット……各種メディアとのつきあい方

第1章 「インプット」では差がつかない時代

「情報通」はもはや評価されない

——旧来型の「知的生産術」の限界

✝ベストセラーとなった「京大カード式」情報整理法

良質なアウトプットのためには良質なインプットが不可欠。ということで、様々なメディアから得た情報を、自分なりの工夫で集めたり整理したりしている人は多いだろう。

「世の中にあふれる情報」とどうつきあうかは永遠のテーマである。書店には情報収集や整理についての書籍が並び、情報整理ソフトやアプリも数多くリリースされている。本書を手に取ってくださった方も、その解決策を求めてのことかもしれない。

この分野には古典的な名著がある。私が若い頃に大ブームとなった、文化人類学者の梅棹忠夫さんが書かれた『知的生産の技術』（岩波新書）である。B6判の独自のカードを使って体系的に情報を整理するという、当時としては非常に斬新な情報整理法を説いた1冊だ。

ノートではなくカードを使うことで組み換えや編集が自由にできるうえに、1枚のカードに1項目というルールにすることで、必要な情報をさっと取り出すことが可能。カードの名称から「京大カード式」情報整理法と呼ばれたこのノウハウは、多くの人に影響を与えた。私も当時、せっせとカードに情報を書き込んだものだ。

カードである以上限界も多く、例えば「スマホ（スマートフォン）」と「デジカメ」という見出しがあったとして、「スマホがデジカメの領域を侵食している」という情報は、果たしてどちらの見出しに入れればいいのか迷うことになる。どちらか片方に入れると、後で見つけられなくなる恐れがある。

また、カードを作る労力も馬鹿にならない。当時の私は1冊の本を読むと多いときで10枚くらいのカードを作っていたので、月に5冊本を読むとしたら、それだけで月50枚、年間600枚ものカードを作らねばならない。もちろん、街中で目にした情報や誰かとの会話の中で得た知識などもカードに書き込むわけだから、四六時中カードを書いていたような印象すらある。

それでも、当時としては非常に画期的な手法であった。なるべく多くの情報を集め、後で引き出しやすいように整理・分類するという発想は、続く時代の情報整理の基本となった。

†ITにより情報整理法はさらに進化。だが……

そしてＩＴの発達により、情報収集および整理・分類は格段にやりやすくなった。かつては手書きで相当な時間がかかっていた情報を書き写す作業は、いわゆる「コピペ」により一瞬で済むようになった。ネット上の情報を気軽にクリッピングできる「Evernote（エバーノート）」などの便利なツールも登場した。「Evernote」は私も愛用しているが、デジタルならば一つの情報に複数のラベルをつけることも容易であり、カードによる情報整理の問題点はほぼ解消されることになった。

では、情報収集および情報整理が容易になったことで、我々の生産性はどれほど高まったのだろうか。アウトプットの質はどれだけ向上したのだろうか。

もし、情報収集や情報整理の巧拙が生産性に直接結びつくというのなら、当然、以前よりもアウトプットの質も量も向上していなくてはならないはずだ。

だが正直、情報収集・整理の進歩によって目立った業績を上げたという人を、私は寡聞にして知らない。

最近はやりの「対話型AI」と呼ばれるChatGPTのようなツールが普及しても、作業の効率は上がるかもしれないが、質が上がるかは別問題である。

「情報通」であることは、もはや差別化にはならない

それはなぜか。理由の一つとして、**「情報を持っていること」が差別化の要因になりにくくなった**ことが挙げられるだろう。

いわゆる「情報通」がもてはやされたように、かつては「たくさんの情報を持っていること」は、それだけで価値となった。

だが、1970年代にパソコンが登場し、その後インターネット、スマホに代表されるネットワークがここ20年くらいで急速に発展したことにより、その常識が変わりつつある。

例えば以前なら、豊富な商品情報を持つ小売店の店員は大きな価値を持っていた。イ

ンターネット普及以前において、商品情報が欲しければ、メーカー各社に連絡してパンフレットを送ってもらうか、店舗に直接行って実物を見るしかなかった。店員の持つ豊富な商品情報は、購買検討の際には不可欠だった。

だがいまや、商品情報はネットでいくらでも手に入る。ほとんどの人が事前にネットで調べてから店舗に足を運び、中には店員よりよほど豊富な商品情報を持つ顧客もいる。

†かつて有料だった情報がどんどん「無料」に

また、かつては情報を得るためには「時間とお金」が必要だった。営業担当者が取引先についての詳細な情報を知りたければ、図書館や書店に行って情報を集めたり、調査会社に依頼して資料を入手したりする必要があった。情報を手にするためには、手間もかかればお金もかかった。

だが、いまや各社のホームページを見ればその会社の情報が無料で幅広く公開されており、業界団体のホームページにアクセスすれば、過去何年にもわたる業界動向が詳しいデータやグラフつきで紹介されている。

世界中の地理情報だけでなく、ある通りの画像すら家にいながらにして見ることができる。

情報収集が格段にやりやすくなったことで、情報そのものでの差別化が難しくなった。つまり、「インプットだけで差をつけることは難しい」時代になっているのだ。

「とりあえずインプット」がむしろ、競争力を失わせる

✝似たようなレポートが増えている

情報収集（インプット）の段階で差がつかないと、何が起こるのか。アウトプットがみな、似たり寄ったりのものになってしまうのだ。

「ＥＳＧについての情報をまとめ、レポートとして提出せよ」という課題が出たとする。多くの人はまず、グーグルやヤフーにて、この単語で検索をかけるだろう。すると、ウィキペディアをはじめとした複数のサイトが表示されるはずだ。あるいはＳＮＳでハッシュタグ検索をする人もいるかもしれない。その結果、検索履歴により多少の違いはあるかもしれないが、ほぼ誰もが同じようなページをリコメンドされることになるだろう。

もちろん、どの情報を活用し、どのように解釈したり、どの論点に力点を置くかで異

なるタイプのレポートにはなるが、ある情報を手に入れることができるかできないかで差がつくことはない。

結果として、どうしても似たようなレポートが多くなってしまう。つまり、**「情報のインプット↓それを踏まえてのアウトプット」というプロセスでは、ほとんど差がつかない**ということだ。

✝「まずインプット」では成果が出ない理由とは？

だが、「情報のインプット↓それを踏まえてのアウトプット」という流れは、多くの人の中に染みついている。

例えば、新規事業や新商品開発の際、「まずは市場のリサーチから始めよう」というケースはいまだに多い。「調査の結果、世の中には大きく分けてAニーズ、Bニーズ、Cニーズがあり、一番数が多いのはAニーズだということがわかった。それに向けた商品を考えよう」という流れだ。これはまさに「インプット↓アウトプット」というプロセスである。

だが、現在は不連続な時代だ。売れた商品の後追いをして成功する確率は大幅に下がっているし、顧客の顕在化されたニーズを追うよりも、今まで世の中になかった斬新な発想こそが求められる時代でもある。こうした「インプット」から入るアプローチでヒット商品が生まれる可能性は、限りなく低くなっている。

さらに言えば、なんの仮説もなく「とりあえず市場を調査する」というアプローチでは、調査範囲も広くならざるを得ない。男性に聞くのか女性に聞くのか。どのくらいの年齢層の人に聞くのか。あらゆる性別のあらゆる年齢層にあらゆる質問をするとなると、当然、時間もコストもその分増える。

「まず、なるべくたくさんの情報を集め、整理する」というスタンスでは、差別化が難しいどころか、時間もお金も無駄になる。つまり、競争力を失う要因ともなり得るのだ。

†誰が「コロナ禍」や「ロシアのウクライナ侵攻」を予想できたか

「なぜインプットから入ってはいけないのか」について、もう一つ述べておきたいことがある。それは、世の中がどんどん「不確実な時代」になってきているということだ。

今までの常識が全く通用せず、「まさか」と思っていたことが次々と起こるのが現代だ。例えばほんの数年前、新型コロナウイルスのパンデミックによりマスクをしなければ外出できない時代が来るなどと言えば、誰もが冗談だと思ったことだろう。「ロシアがウクライナに軍事侵攻する」ことを予想できた人が、どれだけいただろうか。今後も、これまでの常識ではあり得ないと思うようなことが、次々と現実化していくことになるだろう。

同時に、変化のスピードも格段に速くなっている。例えば、コロナ禍の発生直後である２０２０年の２月頃からいわゆる「マスク不足」が発生し、店頭からマスクが消えるとともに多くの企業や店舗が新たにマスクを扱うようになったが、５月頃にはもう街に在庫が溢れかえっていた。慌ててマスクを扱った会社の中には結局、大損したところもあったことだろう。

不確実性が高まったうえに変化のスピードが速くなったせいで、世の中の変化を予測することが格段に難しくなってしまった。

要するに、**最新の情報をどんなに集め、分類したところで、予想もつかないような「まさか！」という出来事が頻発する**ことが、容易に予想できるのだ。

網羅思考のワナ
——「もっと情報を」が失敗の原因に

†「情報は集めれば集めるほどいい」という誤解

確かにインプットから入るアプローチは、以前と比べて効率が悪いかもしれない。だが、それでも「情報は多ければ多いほどいいはずだ」と考える人はいるだろう。だが、私はそれこそが「インプット重視の最大の弊害」だと思っている。

確かに現代は、あらゆる情報が以前と比べ格段に集めやすくなっている。すると、すべての分野において、情報をしらみつぶしに調べないと気が済まなくなってくる。これを私は「網羅思考のワナ」と呼んでいる。

網羅思考がなぜ問題なのかといえば、限りなく時間がかかるからだ。新聞、雑誌、書籍、ネット記事、ＳＮＳ……一つのテーマを調べるだけでも、軽く1日が過ぎてしまう。

それでも、情報を集めれば集めるほど成果が上がるというのなら、いくら時間をかけてもいいだろう。だが、果たしてそう言い切ることができるのだろうか。

ここで、例を挙げて考えてみよう。例えば戦争だ。

戦場においては、情報戦を制する者が戦いを制すると言っていい。敵がどこに陣地を構え、兵士は何人ぐらいで、戦闘準備はすでにできているのかといった情報があればあるほど、味方に有利な戦略が導き出せるからだ。そのために偵察隊を派遣したり、レーダーを使ったりして、なるべく相手の情報を多く集めようとする。

では、より多くの情報を集めた側が必ず勝つかというと、そうとは限らない。「あの方角に伏兵はいないだろうか」「補給はどうなっているのか」などと、調べられることはいくらでも出てくる。そうして調査にばかり時間をかけ、準備が整わないうちに攻撃を受けてしまっては元も子もないからだ。

競馬で絶対に勝つ方法とは?

これはビジネスの世界でも同様だ。**マーケット情報や競合他社の動向などを調べ尽くし、その結果として出てきた戦略や企画は大抵の場合「too late」であることが多い。**

すでに他社が開発を進めてしまっていたり、ブームが過ぎ去ってしまっていたりするわけだ。

この「網羅思考のワナ」については、ボストン・コンサルティング・グループ（BCG）の大先輩である堀紘一さんからだいぶ以前に聞いた話が印象に残っている。

あるとき堀さんから、「競馬で絶対に勝つ方法を知っているか？」と聞かれた。競馬にはあまり詳しくなかったが、「各出走馬のこれまでの戦績を調べて」「パドックで馬をチェックして……」などと自分なりに考えて答えたところ、堀さんはどれも「違う」と言う。

では、答えは何か。堀さん曰く「レースが終わってから勝った馬に賭ければいいんだ」。私が唖然として「そんなことできるわけないじゃないですか」と答えると、堀さんは「そうだろ。でも、多くの企業や人は、みんなそうしたがるんだ」と。

つまり、完璧に情報が出揃うまで意思決定しようとしない人や企業は、堀さんに言わせれば「レースが終わってから賭けている」。つまり、他社がとっくに実行していたり、ブームがとっくに過ぎ去ってしまってから意思決定するようなもの。完璧な情報を集めようとすると、常にtoo lateになってしまうというわけだ。

†限りある時間の9割を「下調べ」に使っていないか

「情報は集めれば集めるほどいい」と考える人は、ビジネスにも戦争にも「相手」がいること、そして時間には限りがあることを忘れてしまっている。

後述するが、本当に優れたリーダーとは「限られた情報で決断を下す能力」を磨いているものである。

そもそも、「網羅思考のワナ」に陥ってしまっている人は、自分の使える時間が10あるとして、90を情報集めに使い、残りの10のうちの9を情報の整理にあて、最後の1で具体的な打ち手を考える、といったケースが多い。だが、本来は最後の「考える」プロセスこそが、アウトプットの質を決めるはずだ。

ならば、**情報収集にかける時間は必要最低限にして、本当に大事な「考える」時間を増やすべき**ではないだろうか。それが、これから紹介する私の情報術の基本スタンスである。

だからこそ「アウトプット」で差をつけよ

✝発想を「アウトプット↓インプット」に逆転させる

「どんな情報を集めるか」「どのように情報を整理するか」というインプットの段階で差別化できないのなら、どこで勝負すべきか。

それに対する私の答えは「アウトプットから始めよ」ということになる。つまり、**従来の常識だった「インプット↓アウトプット」というプロセスを、「アウトプット↓インプット」に逆転させる**ということだ。

「インプット」をいくら増やしたところで、時代の先を読むのは難しく、すべての情報を集めることなどとうてい不可能。ならば、「アウトプット」をまず意識することで、情報収集にかける手間を最低限にして、なおかつ、最小限の情報から最大限の成果を引き出す。

具体的には、自分のスタンスを明確にし、そこに引っかかったものだけをピックアップする。例えば自分の目的が「意思決定」ならば、その目的を意識したうえで、必要最低限の情報だけを集める。「説得」ならば、相手が必要な情報は何で、自分には何が求められているのかを明確にしたうえで情報を収集する。

あるいは、自分の志向＝得意分野を明確にし、その情報だけが入ってくる仕組みを作る。これが、私が本書で提案したい情報術である。

とはいえ、それは容易なことではない。インプットで差がつかない時代にアウトプットで差をつけるというのは、誰もが得ることのできる同じ情報源から、人と違った、人より優れた企画や提案を導き出さねばならないということだからだ。言うのは易しいが実行は極めて難しい。

しかし、現代の情報化社会では、これをやらなければできるビジネスパーソンと見なされないのである。

＋アウトプット＝「目に見える成果物」とは限らない

「アウトプットで差をつけよ」ということを述べてきたわけだが、ここで「では、アウトプットとは何か」という疑問が出てくる。当たり前のように使われている言葉でありながら、その定義は少々あいまいだ。

私のようなコンサルタント出身者にとって、アウトプットというとまず、クライアントに提出するレポートやプレゼン資料などの「成果物」が思い浮かぶ。では、この成果物そのものがアウトプットかといえば、これはあくまでアウトプットの一部に過ぎない。コンサルタントの本当の目的は、自分たちの提案によってお客様を動かし、行動してもらうこと。プレゼンテーションもレポートも、そのための手段であり、目的ではない。

もちろんレポートは大事だが、分厚い資料など用意しなくても「社長、こうすべきではないですか？」と言って、社長が納得してくれたなら、これも立派なアウトプットとなる。

✝「自分の仕事の本質」を見つめ直す意義

つまり、**アウトプットとは「仕事の目的」であり、さらに言えば「あなたの本当の仕事は何か」ということにもなる**だろう。

◉図1・1

インプットから入るアプローチ

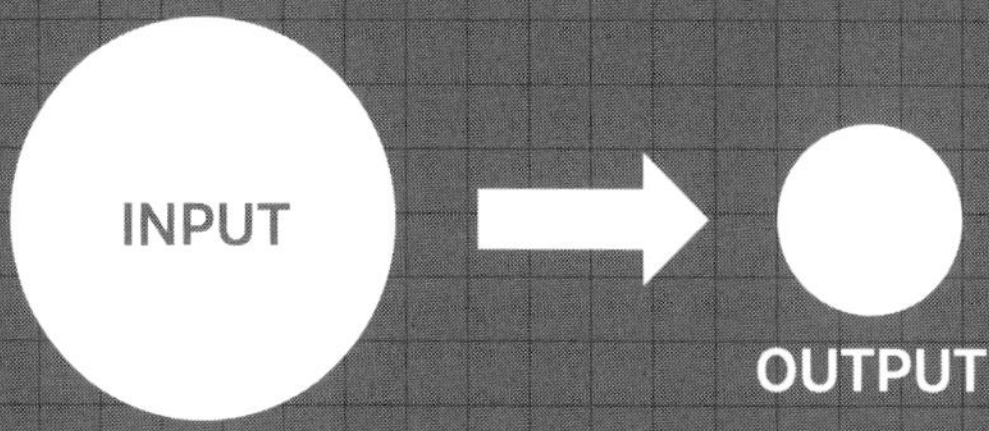

インプットの量に比して、アウトプットの量が少ない。
また、いくらインプットを増やしても、
アウトプットが増えるとは限らないという問題も。

アウトプットから入るアプローチ

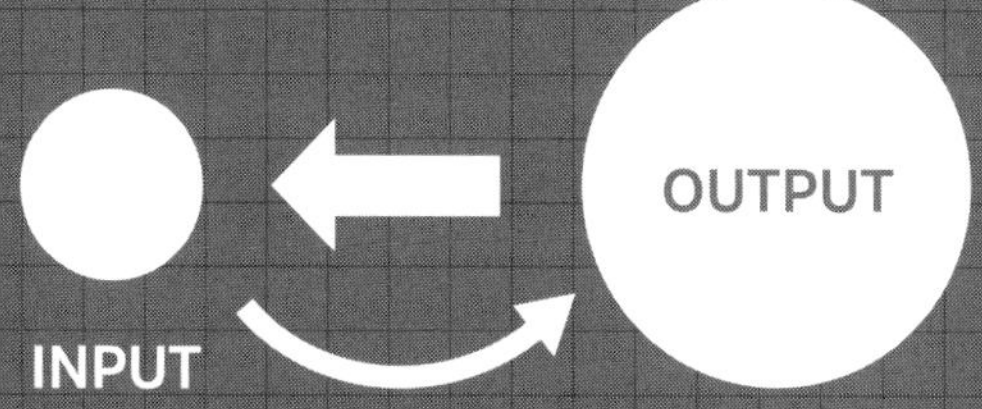

アウトプットから逆算してインプットすることで、
インプットにかける手間を最小限にする。
そのほうがアウトプットに割ける時間も増えるので、
結果的にアウトプットも増大する。

経営企画室の人ならば、自分たちの立てた戦略を経営トップに進言し、採用してもらうことがアウトプットかもしれない。人事担当者なら、社員満足度を上げて離職率を下げることや、優秀な人材を採用することがアウトプットだろうか。営業担当者なら売上を上げることがアウトプットと考えられるが、顧客満足度を高めることや、クレームに適切に対応することこそがアウトプットだという人もいるだろう。

自分にとってのアウトプットは何かを探す過程において、「本来は必要のない仕事」に気づくかもしれない。

例えば、営業担当者が会社に提出する営業報告書は、確かに形としてはアウトプットである。だが、もしその営業報告書が売上アップになんの貢献もしていないのなら、これはアウトプットとは言えないどころか、本来アウトプットのために使う時間を無駄にしていると言えるだろう。

もちろん、その営業報告書を書くことで上司から適切なフィードバックが得られ、それが売上アップにつながるなら、営業報告書作成はアウトプットの一部と言えるが、正直、そうしたケースはあまり聞いたことがない。

「自分にとってのアウトプットは何かを考える」。これは、仕事以外にも言えることだ。例えばあなたが何かの文章をＳＮＳに書くとする。これもいわばアウトプットだ。しかし、その先には「専門家としての自分のブランディング」や、「ＳＮＳでつながっている仲間との関係性の強化」など、本当の目的があるはずだ。それを意識せずに文章を書いたところで、自己満足にしかならない恐れがある。

「自分のアウトプットとは何か」が不明瞭な人もいるはずだ。ぜひ一度、考えてみていただきたい。

「仕事」と「作業」の区別をつけることがスタート

✝仕事が「作業」ばかりになっていないか

「自分にとってのアウトプットとは何か」を考えるにあたり、一つ、意識してもらいたいことがある。それは「仕事と作業の区別をつける」ということだ。

仕事と作業とは、私の考えによれば、明確に違うものだ。だが、特に若い人はこの区別がつかず、作業が仕事だと思い込んでしまっているケースが散見される。だが、いくら「作業の達人」になったところで、「仕事の達人」になれるとは限らない。

では、仕事と作業の違いとは何か。私の定義では、**「ある目的を達成すること」**が**仕事であり、「その目的を達成するための手段」**が**作業**ということになる。

今までなかったビジネスモデルを開発する、現場の問題点を解消して生産性を高める、有料会員数を増やして収益を安定させる、といったことが「仕事」だとすれば、そのための情報収集や整理はもちろん、ミーティングを開く、企画書を作る、稟議書を書くといったことは、みな「作業」となる。電話をする、メールやチャットを打つなどもみな「作業」である。

極端に言えば作業とは、手足だけ動かしていれば済んでしまうようなことだ。頭を使うとしたら、どうすれば作業がもっと速くなるか、間違いが少なくなるかといった、作業効率をいかに高めるかという点だろう。

一方、仕事のほうは「頭を使う」行為が中心となる。問題発見や問題解決、クリエイティビティ（創造性）、チームを引っ張っていくためのマネジメントやリーダーシップなども必要となってくる。

これは、ここまで述べてきたインプットとアウトプットの関係と、ほぼ同じである。すなわち、「ある目的を達成すること」（アウトプット）のために、「その目的を達成するための手段」（インプット）が必要となってくる、という関係だ。

†「仕事やっている感」が一番怖い

怖いのは、「作業」をこなしていると、なんだか「仕事をした気」になってしまうということだ。パワポ資料の手直しや、エクセルでの細かい数字の分析をしているときの「仕事やっている感」は半端ない。だが、それだけで1日が過ぎてしまったとしたら、生産的な仕事とはとても言えない。

もちろん、こうした作業に意味がないわけではない。だが、いつまでも「作業屋」では、ビジネスパーソンとしては大成しない。もし、あなたが中間管理職クラス以上で、自分のやっていることが「作業」ばかりだとしたら、ちょっと問題だ。

もちろん、まだ経験が浅く、「作業」ばかりを求められることもあるだろう。だが、要はポジションにかかわらず、ある程度以上の仕事を成し遂げたい、あるレベル以上のアウトプットを実現したいと思ったら、どこかで作業屋から仕事屋に変わる必要があるということだ。

そして、その際にも大事なのは「アウトプットから考える」ということだ。「自分にとってのアウトプットは何か」を明確化すれば、何が仕事で何が作業かも見えてくる。

そうしたら次に、「作業」をどうすれば効率化できるか、あるいはなくすことができるかを考える。そして、なるべく多くの時間を「仕事」にあてる。この発想が重要なのだ。

✝削るべき時間と、削ってはいけない時間

昨今、働き方改革の波により、仕事の時間を減らすべきという論調が増えている。ここで間違ってはいけないのが、減らすべき時間と減らしてはいけない時間があることだ。つまり、**「作業」の時間は減らしても「仕事」の時間を必要以上に減らすべきではない**、ということである。「仕事」の時間を減らしてしまうと、確実にアウトプットの質が落ちる。

アウトソーシングやＲＰＡ、ＡＩの導入も、これらを導入することでインプットの時間、つまりアウトプットを出すための作業の時間が減るのなら、どんどん導入すればいい。だが、肝心のアウトプットの部分まで外注してしまっては、その人はもう不要だということになる。

対話型ＡＩの活用も同様だ。自分でも使ってみて、仕事の効率が格段に上がった。一方で当たり前の質問を投げかけても、平凡な答えしか返ってこないし、誰もが同じ答え

にたどり着く。

それさえ理解していれば、無駄なインプットの時間はどんどん減らせばいい。特に日本のホワイトカラーの仕事に関しては、効率化の余地がまだまだある。

前にＩＴによる情報整理スキルでは差がつかないと言ったが、「作業」を効率化するためのＩＴツールはどんどん使えばいい。要は、何を減らすか、何を減らしてはいけないかの見極めが必要だということだ。

第2章 「アウトプット」から始める情報術

――最速で成果にたどり着くために

意思決定に必要な情報は「マイナスのエントロピー」

1の労力で10の成果を出す「虫のいい」情報整理術

さて、ここからは「不確実な時代」における知的生産の具体的な技術について述べていきたい。

まず、私の情報術における基本スタンスをひと言で述べれば「情報は整理するな、覚えるな」ということになる。前述したように、インプットにいくら時間をかけたところで、労力に見合ったアウトプットが出せない時代だ。

さらに「検索するな」もここに加えたい。検索して出てくるような情報は、誰もが手にできる情報であり、差別化にはつながらない。**「情報は整理するな、覚えるな、検索するな」**。これが、私の情報に対する基本スタンスだ。

理想は、インプットにはなるべく時間をかけず、成果を出すこと。いわば、インプットに10の労力をかけ、1の成果を出すのではなく、1のインプットで10の成果を出してしまおうという、虫のいい情報術こそが、私の提唱するものだ。

本章からは、その具体的な方法を述べていきたいと思う。

†「情報収集そのもの」が目的なのは、せいぜい記者くらい

第1章で「インプットからスタートしても差別化はできない」ということを述べた。つまり、「アウトプット」からのスタートが必要になるわけだが、では「アウトプットから始めるインプット」とは、どのようなものなのか。

ここで必要となるのは、情報に接する前に、自分の「スタイル」を明確にするということだ。これを図式化したものが、次ページの図2・1となる。

つまり**「何を目的として」「どんな立場（ポジション）で」「どんな役割を期待されて」情報を生かそうとしているのかを明確にしたうえで、情報に接する**。それにより情報収集のスピードは速くなり、差別化もしやすくなる。

まず意識すべきは「情報活用の目的」である。情報活用、つまりどんなアウトプットが必要なのかを明確にしたうえで、情報に接するということだ。

◎図２・１

内田流「知的生産術」の基本スタンス

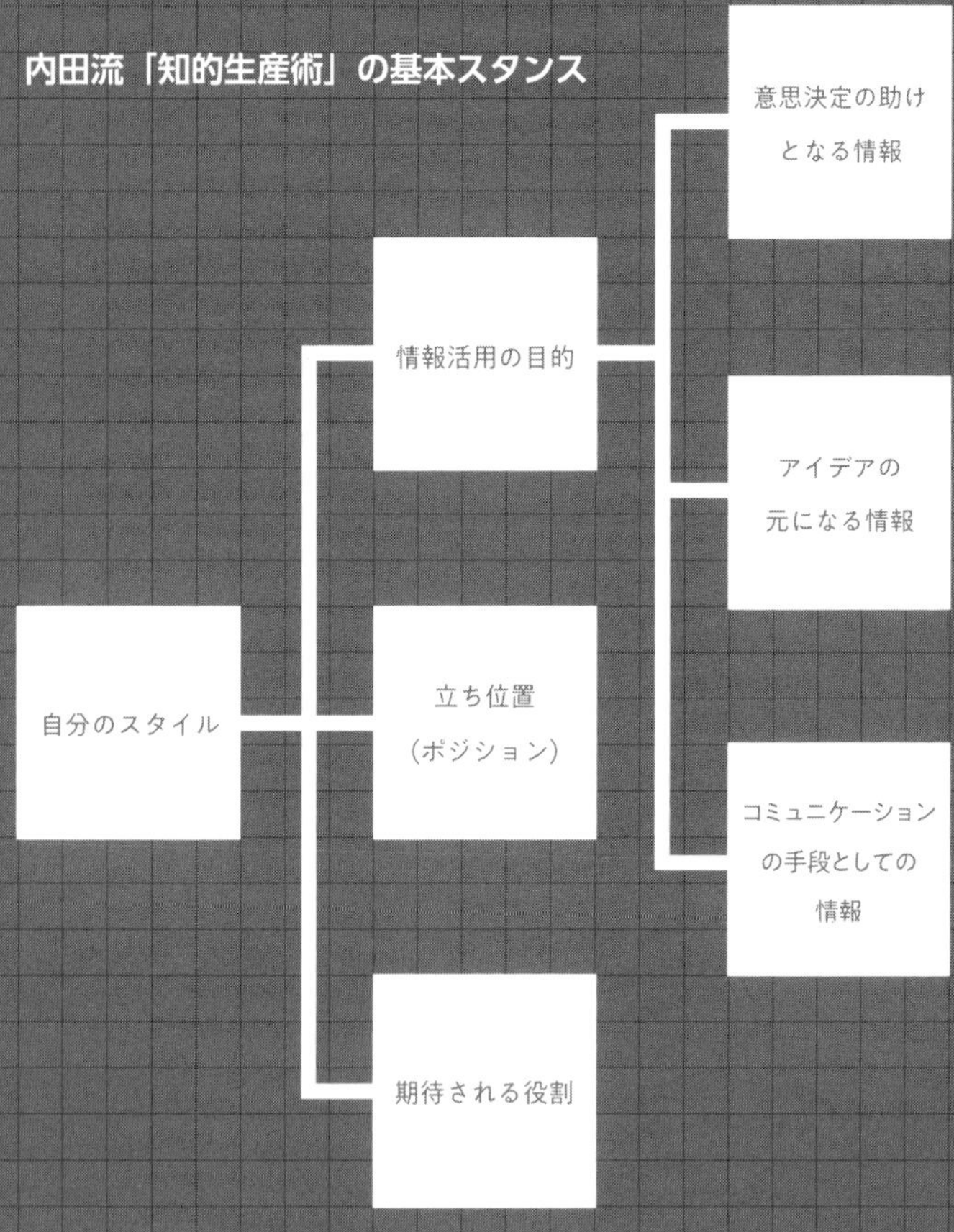

３つの「情報活用の目的」と、「立ち位置（ポジション）」と「期待される役割」から逆算して情報と接する。それにより情報収集のスピードが上がり、差別化もしやすくなる。

あなたが通信社の記者でもない限り、「情報を集めることそのものが仕事だ」ということはないはずだ。なのに、「なんのために情報を求めているのか」ということは、意外と忘れられがちである。

目的意識を持つと情報収集のスピードも精度も大いに高まる。アンテナを立てることで、必要な情報が飛び込んでくるようになるからだ。

「三つの目的」ごとに、手に入れるべき情報は異なる

「目的」といっても、そのアウトプットのスタイルによって大きく三つに分かれる。「意思決定の助けとなる情報」「アイデアの元になる情報」、そして「コミュニケーションの手段としての情報」だ。それぞれ、必要となる情報の内容も違えば、重視すべきポイントも違う。ここを間違えると、不要な情報を集めてかえって意思決定が遅れてしまったり、無駄な情報収集に多大な時間をかけたりしかねない。

順に説明していこう。まず「意思決定の助けとなる情報」とは、その名のとおり「何かを決断するための情報」だ。「この事業に進出すべきか否か」といった大規模なもの

から、「今日の昼食はどこで食べるか」までレベルは様々だが、重要なのはスピードだ。情報の精度が高いに越したことはないが、あまり時間をかけすぎると、せっかくのチャンスを逃してしまったり、昼食の時間がなくなってしまったりする。先に述べた「競馬の例」である。

では、どのような情報を集めればいいのか。ここでご紹介したいのが、**「情報とはマイナスのエントロピーである」**という言葉だ。

これは以前、情報理論の専門家から聞いた話である。

エントロピーというのは、もともと熱力学の用語で、簡単に説明すれば物質やエネルギーの乱雑度合いや偏り具合を表す。状態が無秩序で混乱していたり、不確実性が高いことをエントロピーが高いといい、逆に状態が整然としていたり、確実な状態であることをエントロピーが低いという。

これを情報理論にあてはめ、エントロピーを「事象の不確かさ」と定義すると、エントロピーが減少すればするほど、事象の確実性は高まるということになる。つまり、エントロピーを減少させる方向に働く情報こそが、物事の確実性を高める、優れた情報ということになる。そういう意味で、「マイナスのエントロピー」と定義しているわけである。

情報の中には、それを加えることでエントロピーが減少するものもあれば、むしろエントロピーが増大してしまうような余計な情報もある。

膨大な情報の中から、何が「エントロピーを減少させる情報か」を考えることが、意思決定のための情報収集の助けとなるのだ。

意思決定を鈍らせる「ちゃぶ台返し情報」

ビジネスの例で考えてみよう。

ある商品の売上アップの施策がA、B、Cの三つ上がっていたとする。ここで「A、B、Cそれぞれの施策を打ったときに想定される売上アップ率」「それぞれの施策にかかるコスト」「実行時のリスク」といった情報があれば、「Aは売上アップ効果があまり期待できないから外そう」「Bはリスクが高くなるからやめておこう」などという意思決定に役立てることができる。つまり、これらの情報は、「マイナスのエントロピー」である。

一方、「A・B・Cに加えてDという選択肢もあるのではないか」とか、「Eを検討したほうがよい」という情報が入ってくると、選択の幅が広がってしまう。つまり、エントロピーを高くしてしまう。これは意思決定においては「不要な情報」ということになる。

もちろん、実はA・B・Cでは不十分で、新たな選択肢を検討しなくてはいけない場合もある。だが、意思決定の場というのは、ここまで十分に検討してきた最終段階である。ここでいきなり別案を出すのは、それまでの検討が不十分だったということを自ら認めるようなものである。

だが、現実には検討の最終段階において、「やっぱりこの方向もありではないか」などと言い出すリーダーは多いものだ。いわゆる「ちゃぶ台返し」であり、現場は大混乱する。

あるいは、部下から上がってきたレポートに対し、「うん。これはこれでよくわかったけど、ここが本当かどうかもっと詳しく調べてくれ」とか、「これについては情報が何も書いていないが、どうなってるんだ？」といった指示をすることは、一見正しいように見えて、実は意思決定を遅らせる余計な情報になりかねない。

あなたがリーダーの立場にいるとしたら、知らず知らずのうちにこうした指示をしていないか、注意していただきたい。

†「やっぱりあの情報も欲しい」……その誘惑を断ち切れるか

だが、これは何もダメ上司だけの話ではない。何かを決めなくてはならないのに、なかなか決断ができずつい先延ばしに。そのうち、「あの数値はどうだろう」「あの人はどう言っているだろう」などと別の情報が欲しくなり、それを調べれば調べるほど判断ができなくなる……という悪循環に陥っている人もまた、多いはずだ。これはまさに「エントロピー」がどんどん増加してしまっている状態だ。

先ほど、「網羅思考のワナ」について触れたが、網羅思考のもう一つの問題点がまさにこれである。情報が多ければ多いほどエントロピーが増加し、決断ができなくなってしまうのだ。昔の人は「下手の考え休むに似たり」と言ったが、言い得て妙である。

意思決定に必要な情報はあくまで「マイナスのエントロピー」と捉え、何をやめるのか、何を捨てるのかといった視点で情報を集める努力をしてみれば、違った景色が見えてくるはずだ。

「少ない情報で決める怖さ」に耐え続ける

†優れたリーダーは「3割の情報で意思決定する」

「意思決定のための情報」の話につけ加えて、ぜひお話ししておきたいことがある。それは、「少ない情報で意思決定をする」という訓練を、若いうちからぜひやっておいてほしいということだ。

以前、日本経済新聞の連載「私の履歴書」で、帝人の元社長である安居祥策氏が、「経営者は、情報量が3割しかない段階で決断しなければならない。5割になるのを待っていたら遅い」ということを書いていらした。これを読み、我が意を得たりと思ったものだ。

実際、優れたリーダーの資質の一つはまさにこれだと思う。言い方を変えれば、**他の人が100の情報が集まらないと決められないのに対して、30の情報で同じ質の意思決**

定ができる人間が、優れたリーダーだということだ。

リーダー以外の人にとっても、これは重要な能力だ。少ない情報で決断ができるようになれば、当然、他の人より仕事のスピードが速くなる。そして、より重要な仕事に時間を割けるようになる。そういう意味でも、少ない情報で意思決定できることは非常に大事なのだ。

今日は90で決めたなら、明日は80で決断を

少ない情報で物事を決めるということは、膨大な情報の中から意思決定に役立つ情報とそうでない情報を峻別し、役立つ情報のみによって物事を決めていくことに他ならない。

では、どのくらいの情報を集めればいいのかというと、これはもう、自分の線引きの問題だ。

もちろん最初は何もわからないから、ある程度情報を集める必要がある。だが、あるレベルに達したら、今度は情報を絞り込んでいかなくてはならない。例えば、この時点

で仮説を立てて、ここで決定などと自分で決めるしかない。

どのくらいの情報で決めればいいかの、絶対の公式などない。ただ、この能力は鍛えることができる。その方法とは、**日々のあらゆる場面において、意識的に「短い時間で決める」経験を積む**ことだ。

今までは90の情報を集めないと決められなかったことを、今度は80の情報で決めてみる。それでうまくいったら、次は70、60と、どんどん情報を減らしていくのだ。

一つの方法として「締め切り効果を使う」というものがある。「○月○日までに決める」と決めてしまうのだ。自分で決めるだけでなく、関係者にもそう宣言する。すると、いやおうなしに判断せざるを得なくなるだろう。

もちろん、最初のうちは情報が不十分な中で決断することに気持ち悪さを覚えるだろうし、何度も失敗するだろう。

だが、こうした訓練を意識的に繰り返すことで、10年後、20年後に大きな差が生まれるというのが、私の持論だ。

◎図2・2

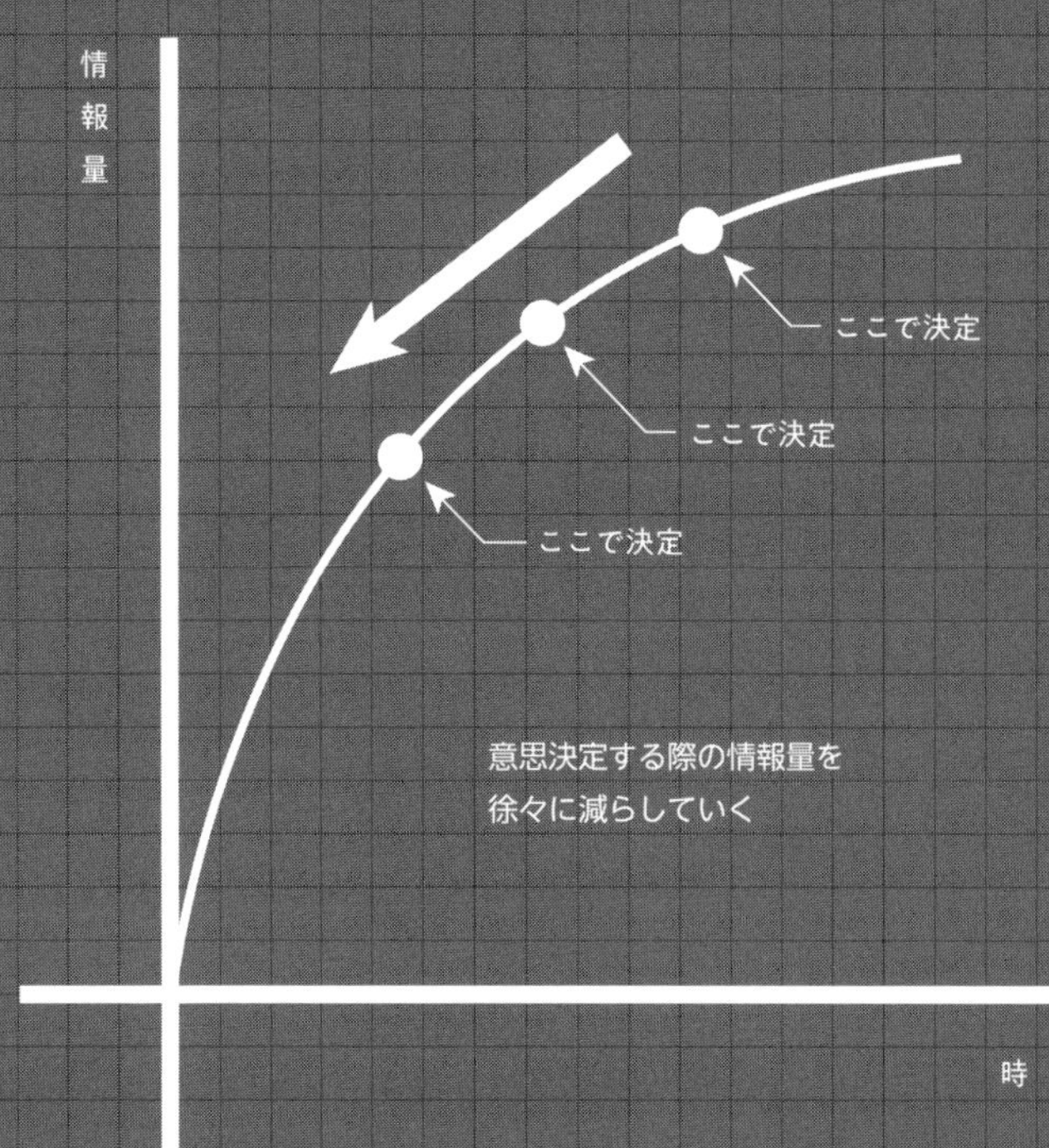

「どの情報量に達したら意思決定すべきか」の絶対的な公式はなく、自分で決めるしかない。だが、徐々に少ない情報量で決めることを繰り返せば、「少ない情報で意思決定する」力を伸ばすことができる。

†「失敗した。今度はもっと調べよう」が成長を妨げる？

大事なのは失敗した際だ。

大事な情報の見落としがあったりすると、「今度は倍の情報を集めてから判断しよう」と考えがちだが、こうした「あつものに懲りて膾（なます）を吹く」の姿勢では、いつまでたっても意思決定力は身につかない。

失敗したからより多くの情報を集めるのではなく、「同じ情報量でいかに正しい意思決定ができるか」を追求する。私はそこが、いわゆる「できる人」になれるかどうかの別れ道だと考える。

一方、企業としては「失敗を許容できる文化」を醸成することが不可欠だ。失敗を責め「次はもっと慎重に情報を集めてから決断しろ」という話になると、失敗から学習することはできなくなる。

最近は失敗を恐れ、なかなか行動に踏み出せない人が増えているとも聞くが、ここで失敗を恐れていてはいけない。

これはビジネスだけでなくプロスポーツの世界、あるいは将棋や囲碁の世界でも同じだ。名人とかプロフェッショナルと呼ばれる人たちはみな、失敗の経験の中から自分の実力を磨き上げてきた。

まずは、**「重要な意思決定だからこそ、時間をかけてしっかり調べよう」という常識を、「何事も、なるべく少ない情報で決めてみよう」に変える**ことがスタートだ。

アイデアの元になる情報は「レ点をつけて放置する」

†情報通＝アイデアマン、ではない

情報収集の「目的」の二つめが「アイデアの元になる情報」である。新しいアイデアは新商品開発、企画立案などの仕事はもちろん、営業における新規ルート開拓や人事・総務における新制度立案など、業種・職種を問わず求められている。私が最も重視しているのも、こうした情報である。

ここで誤解されがちなのが、「より多くの情報を持つ人が、よりよいアイデアを生み出す」ということだ。いくら多くの情報を持っていても、それがアウトプット、すなわち新しいアイデア創出に役立たなければなんの意味もない。単なる情報コレクターだ。むしろ、前述したように「ひたすらインプットを増やす」という方法では、ろくなアイデアが出てこないことのほうが多い。

逆に、たった一つの情報でも、そこから素晴らしいアイデアが湧いてくるのなら、それこそが意味のある情報となる。私はこうした情報を「スパークを生む情報」と呼んでいる。

では、こうしたスパークを生むための情報収集とは、どうあるべきか。

これについては、問題意識は持ちつつも、**無理に情報を集めたり整理したりせず、自然と脳内に集まった情報を泳がせたほうが、思考が飛躍して新しいアイデアが出やすい**というのが私の持論である。そして、集める情報は仕事に役立つか役立たないかよりも、あくまで「自分にとって面白いか、面白くないか」で決めてしまっていい。

イメージとしては「しばらく放置して、熟成させる」とでも言えるだろうか。そしてあるとき、ふとしたきっかけで「スパーク」が起こるのだ。

超アナログな情報整理法で「熟成」を待つ

ここでキーワードとなるのが「アナログ」である。むやみにデジタルを持ち込むより、少し余裕を持ったアナログの情報整理のほうが、「情報の熟成」には適している。つまり、よりスパークに結びつきやすいのだ。

私の情報整理の方法は、完全にアナログである。後に詳述するが、A4判が入る透明な袋ファイルに気になっているテーマのタイトルのシールを貼る。そして、新聞の切り抜きでも雑誌の切り抜きでも、とりあえずその袋に放り込んでしまうのだ。

そうしてしばらく放置しておき、時間がたってから見直してみる。そこで改めて、「使えるかも」というものは新たにフォルダに移したり、ボックスファイルに入れる。いわば、袋に入れておくことで熟成を待つのだ。

私は最新のデジタルグッズに目がなく、職場にスキャナーも置いてあるので、すべての書類をデジタル化して保管したり、インデックスをつけて常に検索できるような工夫をしているように思われがちだ。だが、実際にはそこまでする情報はごくわずかで、ほとんどの情報は袋に放り込むだけだ。

書籍から得た情報などはもっとラフである。読んでいて気になった箇所やアイデアがあれば、そこに線を引いたり付箋をつけたり、何も持っていなければページを折ったりするだけ。そしてまた本棚に戻してしまう。気になる箇所の文章を打ち直したり、スキャンして取り込むようなことはめったにしない。

†「頭にマーク」だけで、人は意外と覚えているもの

線を引いたりページを折ったりする作業は、後で見直したときに役立つということはもちろんだが、それ以上に「頭にマークをつける」という意味が大きい。コンピュータ用語では「インデクシング」というが、**自分の脳に「レ点」をつける**というイメージのほうがわかりやすいだろう。

あるいは人と話しているときに思いついたいいアイデアも、その場で「これは、後で使えるかもしれない」と、頭に「レ点」をつける。

もちろん、そのまま忘れてしまうことも多い。だが、一度レ点をつけた情報は、きっと頭の中に残っている。そして、その情報が本当に重要な情報なら、いずれどこかのタイミングで浮かんでくる、と私は割り切っているのだ。少なくとも、どうせ使い切れないであろう情報をせっせとファイリングして整理するよりは、よほど効率的だ。

その際、記憶にとどめやすく、かつ引き出しやすい、とっておきの方法がある。それが「20の引き出し」である。

簡単に言えば、頭の中にバーチャルな引き出しを作り、そこに情報を入れておくのである。それだけで、情報は驚くほど頭に残り、引き出しやすくなり、スパークも生まれやすくなる。

引き出しの中にどんどん情報を入れていくわけで、そういう意味では引き出しというより「ダム」と言ったほうが正確かもしれない。

常に斬新なアイデアを提示できる人というのは、意識しているかしていないかにかかわらず、この引き出しというダムの中に数々のネタを持っているものだ。

この「20の引き出し」については、第4章で詳しく紹介する。

◎図2・3

脳に「レ点」をつける

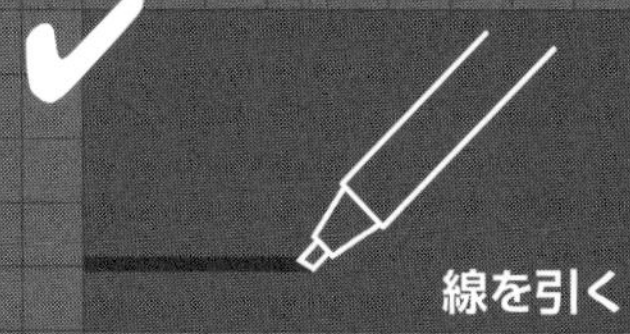

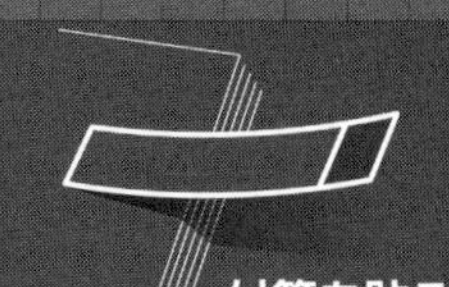

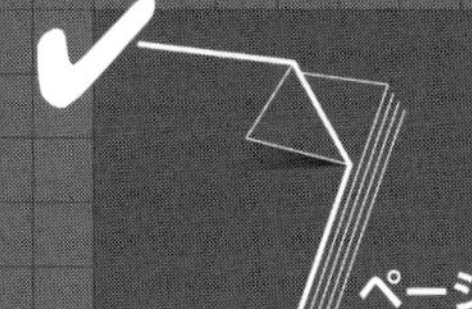

多くの情報はこれだけで充分

保管

ここまでするのはごく一部

ひたすら情報収集するだけの「情報コレクター」になるくらいなら、
自然と脳内に集まった情報を泳がせたほうがアイデアは生まれやすい。

「情報格差」を見える化すれば、会話はぐっとうまくいく

「自分の面白いものの押しつけ」では伝わらない

情報収集の「目的」の三つめは、「コミュニケーションの手段としての情報」だ。

これは前の二つ、「意思決定の助けとなる情報」「アイデアの元になる情報」と比べ、少々わかりにくいかもしれない。

いくら斬新なアイデアがあっても、その価値が相手に伝わらなくてはなんの意味もない。いくら果断な意思決定をしたとしても、周りの人が指示どおりに動いてくれなくては、成果は出ない。仕事でアウトプットを出すということは、そこまでを含めての行為を指す。

ここで多くの人がやりがちなのが、あくまで自分軸で考えてしまうことだ。自分が面

白いと思った情報を、他の人がそのまま面白がってくれるとは限らない。なのに、**「自分がどれだけこの情報を面白いと思ったか」を延々と語っても、相手の心は動かない。**むしろ、反感を持たれてしまうことすらある。

では、どういう情報を使えば、利害関係者との間で合意を取れるのか。何を話せば、反対意見を持つ人を説得できるのか。ここで必要となるのが、いわばコミュニケーションの共通言語としての情報なのだ。

情報格差は「ベン図」では表し切れない

ある二人が対話をするにあたって、お互いに持っている情報が全く同じ、ということはないはずだ。二人が共通して持っている情報もあれば、Aさんしか持っていない情報も、Bさんしか持っていない情報もある。

こうした関係性はしばしば、「ベン図」という形で描かれる。

61ページの図２・４を見ていただきたい。左の円がAさんの持っている情報を表し、右の円がBさんの持っている情報を表す。そして、円の重なっている部分が共通の知識・認識ということになる。

ただ、現実にはこのようにきれいに図式化できるものではないだろう。ある分野の情報に関しては特に大きな差があったり、逆にある分野に関してはお互いに情報が不足していたりと、より複雑な形状を取るはずだ。

それを図式化したのがその下の図である。

†「相手と情報が重ならない部分」をどう埋めていくか

この二人が20代の女性向けの商品開発に関しての議論をしていると考えてみよう。下の長方形は、AさんもBさんも共通認識として持っている部分を指す。

例えば、目指すべきターゲットは20代女性であるという大前提や、20代女性がどのくらいのボリュームなのか、自由になるお金がどのくらいかといった定量データや、「この世代の女性は価格を重視している」という過去のマーケティングの結果などが、この共有部分にあたる。

一方、その上に飛び出している部分は、AさんとBさんとで共有されていない、あるいは情報に差があることを示している。白い部分がAさんの持っている情報を表し、斜線の部分がBさんの持っている情報だ。

◎図2・4

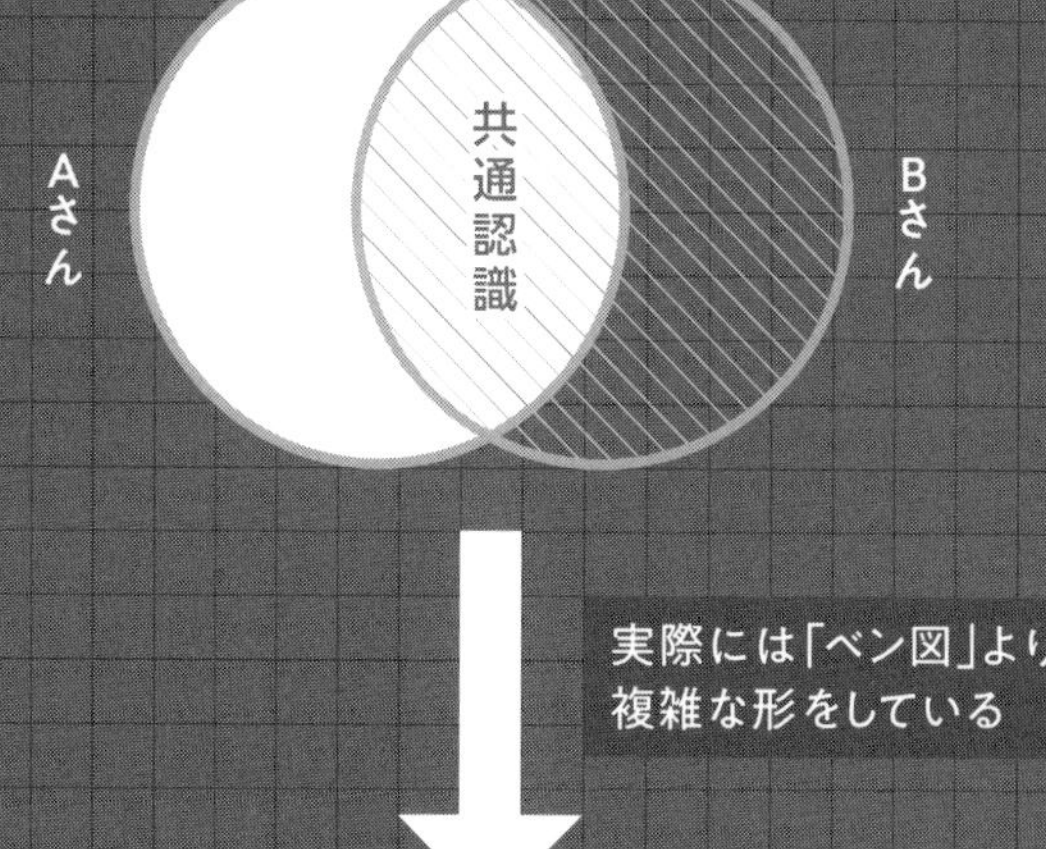
Aさん
共通認識
Bさん
実際には「ベン図」より
複雑な形をしている

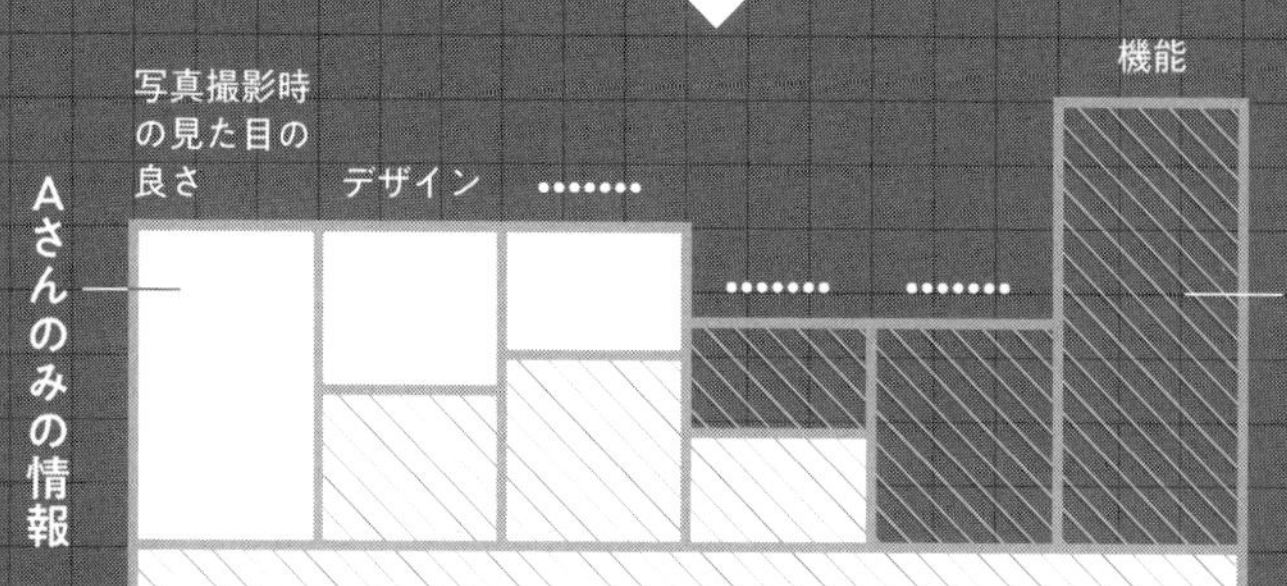
写真撮影時の見た目の良さ
デザイン
……
機能
Aさんのみの情報
Bさんのみの情報
……
……
共通認識
（定量データ、過去のマーケティングの結果など）

例えば、Aさんは自分の友人たちから得た情報として、20代の女性にとって何よりも大事なことは、写真撮影をしたときにどう映るかであるという情報を得ている。ところが、Bさんはこの情報を持っていない。これは左端の白色の部分の「Aさんのみの情報」である。

一方、Bさんは過去に自分が行ったインタビュー調査から、彼女らにとって大事なことは機能がきちんとしていることだという情報を持っている。これはAさんが知らない情報だとすると、右端の斜線の部分になる。

もちろん、お互いに少しずつ知っているが、情報量が異なるケースもある。デザインについてはAさんのほうがBさんより深い情報を持っているとすれば、これは左から二番目の部分のような形になる。

もちろん逆にBさんのほうがたくさん情報を持っているケースもある。これは右から三番目である。

異なる認識を持つ人同士が議論を効果的に進めるには、自分たちの間で何が共通の情報で、何が自分だけの情報か、あるいは何がお互いの間で食い違っているかを早い段階で把握することだ。

その際、この図を頭に置きながらコミュニケーションを取ることが大事になる。つまり、自分と相手の情報にはどういった共通点があり、どんな差があるのかを常に意識しておく、ということだ。

説得か共感か……アウトプットで変わる情報の使い方

「知っていることをとうとうと語る」セールス担当の愚

先ほどの図を念頭に置きながら、どのようにコミュニケーションを取ればいいのか。

これもまた、「アウトプット」によって決まってくる。

まずは相手を「説得」するケース。その場合は「自分は持っているけれど、相手は持っていない情報」を使うのがカギとなる。

あなたが自動車販売会社のセールス担当で、そこに一人のお客さんが来店したとする。その人はすでに欲しい車が決まっており、ただ、価格が高くて迷っている。この場合、どういうセールストークをすべきか。

その車の魅力をとうとうと語ったところで意味はない。その人はその車に魅力を感じており、情報も持っている。これはお互いにとっての「共通の土台」でしかない。

そこで、相手が持っておらず、自分だけが持っている情報とは何かを考えてみる。話を聞くと、走行性能についてはかなり詳しい一方で、コスト面についてはあまり情報を持っていないようだ。ならば、「今この車を買うと補助金が出る」といった情報や、「燃費がいいことは知っていると思うが、具体的には他社の同クラスの車と比べて年間○○万円のコストダウンになる」といった情報が説得材料になる可能性があるだろう。

営業シーンでよく見られるのが、相手のよく知っていることを延々と時間をかけて説明し、顧客をうんざりさせてしまうこと。そうではなく、**相手の知識レベルを探り、必要最低限の情報を提供するほうが、説得の効率は上がる**はずだ。

✝図の形を揃えることが「共感」を生み出す

コミュニケーションのもう一つの目的、それは「情報収集」だ。

チーム内でヒアリングを行う際や、識者や顧客にインタビューをする際などは、自分になくて相手が持っている部分について、意識して聞いていくといい。逆に、互いに共有している土台の部分に関して、これ以上情報を集めたところで新しい展開は生まれない。相手と打ち解けるためにあえて話を振ってもいいが、そこにばかり時間をかけては意味がない。

自分になくて相手が持っている情報を聞き出すことは、単に情報収集のみならず、相手との共感を生むためにも重要だ。先ほど例に挙げた自動車のセールスの例で言えば、相手の情報、例えば「自動車を何に使いたいのか」「普段は誰が自動車を使うのか」「デザインと性能のどちらを重視するのか」といった情報を聞き出すとともに、顧客の知らない情報をこちらから提供する。そうすれば相手にマッチした提案ができるうえに、相手と自分との間に信頼関係も生まれるだろう。

これは営業に限らず、どんな場面でも有効だ。足りない情報を引き出し、相手との認識を揃える——つまり、この図の形をなるべく一致させることが、コミュニケーションの秘訣となるのだ。

✝議論が紛糾したらあえて「土台に戻ってみる」

コミュニケーションの目的、最後の一つが「情報共有」だ。

前述したように、情報レベルを一致させることは、相手との共感を生む。特にチーム内において、メンバー全員の情報レベルを揃えることは非常に重要だ。意見の対立というものは、情報の判断基準の違いではなく、持っている情報の違いによることが多い。**チームメンバー全員の情報レベルを揃えるだけで、長年の対立が解消することはよくある**ものだ。その際、この図はきっと役立つことだろう。

別の使い方として、議論が紛糾した際、一度この土台の共通認識の部分に戻ってみるという手がある。

例えば、自分が営業本部長で相手が生産本部長だとして、こちらがいくら納期の短縮を求めても、相手は品質管理の視点からなかなかそれを受け入れてくれないとする。この状態でいくら議論を重ねたところで、平行線をたどることは目に見えている。

ただ、「会社の利益を最大化する」「お客様により良いものをなるべく早く届ける」などの土台の部分に関しては、双方の共通認識であるはずだ。そこで、議論が紛糾したらあえて、「そもそも互いに目指すところは利益の追求ですよね」などと、この共通認識に立ち戻ってみるのだ。すると、お互い冷静になり、より広い視野で物事を考えられるようになる。その結果、問題が急に単純化されるということは、しばしばある。

このように、自分の持っている情報と相手の持っている情報を脳内でイメージ化することで、コミュニケーションはぐっとスムーズになるのだ。

アウトプットを最大化する「時間差アプローチ」とは？

†目的に沿わない情報はむしろ邪魔

さて、ここまで、情報の三つの目的である「意思決定の助けとなる情報」「アイデアの元になる情報」、そして「コミュニケーションの手段としての情報」について触れてきた。

アウトプットが意思決定なのか、アイデア創出なのか、他者あるいは他社とのコミュニケーションなのかによって、必要な情報も違ってくれば、そのまとめ方も違ってくるということだ。

例えば販売不振が続く商品Aについて、撤退するか否かの意思決定をする際、求めるべきは「マイナスのエントロピーになる情報」だ。この商品の売上データの推移や将来の見通し、既存顧客からの評判などがそれにあたるだろう。

一方、「今、新たに求められているのはこんな商品だ」といった情報は、商品Aから撤退すべきかどうかという段階においては「エントロピーを増大させる」情報だ。ただし、この情報はアイデア創出に役立つのはもちろん、会議などでのコミュニケーションの土台として役立つかもしれない。

先に何を成し遂げたいかという仕事の目的があり、それに応じて情報の価値が決まってくるというのが、アウトプットを重視する知的生産術のスタート地点だ。

†「三つの目的」は、場面場面で使い分けよう

ただ、これら三つの目的は全く別のものではない。実際には一つの仕事の中で使い分けが求められる。

あなたが商品企画部に配属されており、新商品開発に携わっているとする。まず求められるのは、新しい商品のアイデアだろう。

ここで必要なのは「アイデアの元になる情報」、私の言葉では「思考をスパークさせる」ための情報を集めることが第一となる（※参考文献『スパークする思考』角川ｏｎｅ

テーマ21)。

最初は大した情報だと思わず、「どうも気になる」レベルだったとしても、それが他の情報、あるいは自分自身の問題意識と結びついて、思わぬひらめきにつながることもある。

そのためには「使える」という視点よりも、「面白い」という視点で、自分の興味の赴くままに情報を集めたほうがいい。

だが、いくら自分では名案だと思ったアイデアでも、周りの人が同じように面白がってくれるとは限らない。そこで必要となるのが、「コミュニケーションの手段としての情報」だ。

なぜ、そのアイデアが有望なのかを、自分ではなく相手軸の情報で伝えること。実際、優れたプランナーと呼ばれる人は、その両方の情報を使うのが得意だ。

そして、意思決定者である上司や顧客を説得できなければ、そのアイデアが具現化されることもない。そこで求められるのは「意思決定の助けとなる情報」だ。定量化された数値などを用意することで、スムーズに意思決定をしてもらえる可能性が高くなるだろう。

✝「時間差アプローチ」でアイデアを尖らせていく

では、情報を集める際に常に複数の視点を持っているべきかというと、私はそうは思わない。

まず、企画を立案する際は、自分の思考を膨らませたり発散するための「アイデアの元になる情報」をひたすら集める。

そして、そこからアイデアが生まれて「あ、これだ！」とか「こうに違いない！」と思ったら、今度はそれを第三者の立場に立って眺めてみる。つまり、「私のこのアイデアは、受け取る側から見たときに、つまり客観的に見たらどうなんだろう。相手の立場から見たらどうなんだろう」と考えてみるのだ。

そうすると、「ちょっと待てよ。客観的な情報が少ないな」などと気づく。「Aさんへのインタビューの結果、この商品を思いついたわけだけど、Aさんが世の中の多数派なのか、ごく少数のマイノリティなのかはわからない」「じゃあ、それを調べるためのユーザー調査をする必要があるな」などという流れになる。
こうした時間差でのアプローチが大事なのだ。

仮説を立て、ときに「振り出しに戻る」。それが結局早い

繰り返しになるが、ここでやってしまいがちなのが、「とにかくインプット」から入ることだ。その結果、無駄に時間を費やして「too late」になってしまったり、誰もが思いつくような凡庸な後追い企画しか生まれてこなかったりする。「網羅思考のワナ」だ。

そうではなく、まずは思いつきでいいので「これだ！」というアイデアを決めて、次にそれを違う視点から検証してみる。

これはつまり、「仮説」を立てて、それを検証していくという「仮説思考」のプロセスである。

もちろんアイデアを煮詰めていく過程で、最初は素晴らしいと思っていたアイデアにいくつもの致命的な欠点が見つかるかもしれない。自分が想定していたニーズを持つ顧

客が思いの他少数だったり、すでに類似商品が出ていて、しかもあまり売れていなかったりするかもしれない。その場合は振り出しに戻るしかなく、これは結構痛い。

それでも、こうして**トライ&エラーを繰り返すほうが、結局はアイデア創出の近道となる**。そして、ビジネスパーソンとしての成長にもつながるのだ。

「肌感覚」「俯瞰」そして「深掘り」で、情報のその先を考える

「マスク余り」はなぜ起きたのか?

「情報をひたすら早く集めれば勝てる」という時代が終わったことを痛切に感じたことがある。前にも述べた、コロナ禍における「マスク不足」の話だ。

2020年2月頃から、全国的にマスクの不足が叫ばれだした。ドラッグストアやコンビニの店頭からマスクが消え、入荷しても即完売した。

その状況を見て、多くの企業が中国などからマスクを緊急輸入したり、製造を委託したりした。このマスク不足をビジネスチャンスと捉えたのだ。

しかし、5月くらいになるともう、街のあちこちでマスクが叩き売られていたのはご存じのとおりだ。確かに一時的に「どんなマスクでもいいから欲しい」というニーズが生まれたが、ある程度供給が回復すると同時に、やはり信頼できるメーカーの品に人気

が集まるようになった。

新しい情報をいち早く手に入れて、他に先駆けて行動を起こせば勝てる、というのは誰でも考えることだ。しかし、それが通用しなくなっている。より正確には、一時的には勝つことができても、すぐにそれが通用しなくなってしまう。

なぜなら、いまや情報は誰もがほぼ同時に手に入れることができ、同じことを考える人がいくらでもいるからだ。

✝ゴールドラッシュに踊らされた人と、ビジネスを成功させた人の違い

では、そのような状況の中、どのように情報を生かせばいいのか。ここで一つ、参考になる事例をご紹介したい。

19世紀半ばのアメリカで、いわゆる「ゴールドラッシュ」が沸き起こった。カリフォルニアで大量の砂金が発見されたという情報に多くの人が飛びつき、東海岸から西海岸に多くの人が移住していった。交通網も整備されていない当時は、移動も命懸けだったが、何十万という人々が一獲千金の夢を求めてカリフォルニアに旅立った。

しかし、彼らの多くがたどり着いた頃にはもう、良い場所はほとんど押さえられていた。結局、ほとんどの人の一獲千金の夢が叶うことはなかった。

しかし、そんな中で大金持ちになった人がいた。それは、リーバイ・ストラウス。ジーンズのリーバイス（リーバイ・ストラウス）社の創業者だ。

彼は当時、生地の卸売業を営んでいたのだが、これだけ大勢の人が朝から晩まで川や岩にへばりついて砂金を取っていたら、ズボンがすり切れるに違いないと考えた。そこで丈夫なズボンのニーズが高まるだろうと、幌馬車に使われている丈夫な生地を使って作ったジーンズを売り出したところ、大人気商品となった。これが今に至るリーバイス社の原点である。

結局、150年以上前から、情報に飛びつくのではなく、「その先に何があるのか」を考える人が成功する、ということだ。

✝必要なのは「三つの視点」

私はある情報に接したとき、それを三つの段階で考える。

まずは「肌感覚」でそれをつかむ。ミクロの視点と言ってもいいだろう。先ほどのマスクの事例で言えば、「地元のドラッグストアでマスクが売り切れている」といった情報だ。

その後、それをマクロで見る。俯瞰の視点と言ってもいい。「全国的にマスクが不足している」という情報や、国内のマスクの需要のデータなどがそれにあたるだろう。

しかし、そこで終わってしまうと、「じゃあ、マスクを輸入すればいい」となって、実際に輸入品が届いた頃にはもう街にマスクが溢れている、という話になってしまう。

大事なのはその先だ。**肌感覚で得た情報をマクロで俯瞰し、その後もう一度「掘り下げる」**。「なぜ、マスク不足が起きたのか」といった「why」の視点や、「この後、何が起こるのか」といった「so what」の視点が求められる。

例えば、「むしろ機能が求められるはずだ」としていち早く高機能マスクの開発に取り組むとか、「きっと数カ月後にはマスクが供給過多になる」として、余ったマスクを二次流通させる仕組みを考える、などである。

✝「都内の地価は下がるだろう」は本当か？

「マクロ→ミクロ」という逆の流れもある。

コロナ禍で都心のオフィスの空室が目立っているというニュースを見たとする。あるいは、ある会社が本社を半分のスペースにして家賃を浮かせたといった話が入ってきたとする。すると、多くの人は、「今後、都内の不動産は値下がりするはずだ」と考えるだろう。

ここで、今度は「肌感覚」で考えてみる。確かにリモートワークは便利だが、アメリカと違って家が狭い日本では、誰もが自分一人の部屋を持っているわけではない。夫婦二人でリモートワークをするとなったら、相当不便なのではないだろうか。コロナ禍で一時的にそういった状況に対応しなくてはならないとしても、今後ずっとそうしていけるのだろうか。

一方で最近はシェアオフィスが流行している。会社に出勤せずとも、自宅の近くにあるシェアオフィスで働けばいいという会社が増えている。これなら、家の狭さの問題も解消できる。

となると、確かに都内の中心部の不動産価格は下がるかもしれないが、比較的住宅地に近い場所、例えば二子玉川や自由が丘などはむしろ人気が出てくるかもしれない。つまり、都内の不動産は一方的に下がるのではなく、下がる場所と上がる場所が出てくるのではないか。

そうした仮説にたどり着いたら、今度は再びマクロの視点で見てみる。実際の不動産相場を見てみることで、自分の仮説が正しいかどうかを判断するのだ。

どんな情報に接する際も、この三つの視点を忘れないようにしてほしい。

自分の「立ち位置」を意識することが、差別化の第一歩

なぜ、上司と部下の意見は食い違うのか？

マネージャーと一般社員ではそもそも「必要な情報」が違う

第2章では「目的というアウトプットから情報を収集する」方法について触れたが、情報収集のもう一つのスタイル、それが自分の「立ち位置（ポジション）」を意識することである。立ち位置とは自分の置かれている立場や状況を指すが、一番わかりやすいのは、その人の「仕事上の役割」ということになるだろう。

例えばあなたがマーケティング本部長や工場長、研究部長といった立場なら、最も大事な仕事は「意思決定」になるだろう。必要な情報は、「それを行うことによって、何が起こるか」「どんなリスクが考えられるか」といったことになる。目的の項で説明した「意思決定の助けとなる情報」である。

それに対して、新商品開発や企画立案を専門とする部門の人は、「アイデアの元になる情報」こそが必要とされるだろう。現場担当者などもこうした立場であることが多い。こうした立場の人にとっては、定量的なデータや自社を取り巻く環境の情報などよりは、「これが面白いと思う」「こういう商品を出したい」といったアイデアの部分、いわばクリエイティビティの部分が問われる。

つまり、新商品開発という**同じ目的を持っていたとしても、意思決定者と企画立案者では必要となる情報は違ってくる**ということだ。

意思決定者には「定量的」な情報が不可欠

具体的に言えば、企画立案者にとって大事なのは、「あ、これだ!」と気づくヒントだ。そのためにはデータとにらめっこするよりも、実際に商品が売られている現場に出て消費者の生の声を集めてみたり、ＳＮＳで話題になっているツイートを探してみたりするほうが有益なはずだ。

一方、意思決定者にとってはそれだけでは不十分で、それが本当に売れるかどうかを判断するための、ある程度定量的な情報が必要となる。

例えば部下がある企画を持ってきた場合、上司としては以下のような「意思決定の助けとなる情報」を求めることになる。

「Aさんの言葉からその商品を思いついたというが、そのAさんは本当に平均的なユーザーなの？」

「ターゲットはマニア層なのか、それともアマチュア層なのか？」

「このような嗜好を持つ人は、全国にどれだけいると考えられるのか？」

こうした問いによって、部下の「思いつき」から定量的な情報を集めていくわけだ。

†上司との「不毛な議論」を回避するために

多くの会社で上司と部下のすれ違いが起こるのは、この「立ち位置（ポジション）」の違いが原因である。**必要な情報のすり合わせができていない段階で、お互いに「これは売れます」「いや、売れない」などと押し問答をしたところで、結論は永久に出ない。**あるいは声の大きな人が勝利して、ろくなことにならない。

一方、お互いがお互いの立ち位置を考慮しておくと、コミュニケーションは非常に円滑になる。

例えば、商品企画者がどうしても、「この商品を実現したい」と考えるなら、意思決定者がどんな情報を必要としているかを考えて、

「Aさんのような人は世の中に〇〇万人はいる」

「Aさんのような人は、数は少ないかもしれないが、お金に糸目をつけない優良なターゲットである」

というような「意思決定の助けとなる情報」を集め、理由とともにそれを示せばいいのだ。

プロフェッショナルは常に「期待役割」を意識する

†あなたの地位と「期待役割」が同じとは限らない

前項では、自分の「立ち位置（ポジション）」による役割の重要性を述べてきたが、もう一つ重要なことを指摘しておきたい。それは、**「役割とは、地位や肩書きだけで決まるわけではない」**ということだ。

どんな組織にも、地位や肩書きとは別に、その人が暗黙のうちに求められている役割がある。これを「期待される役割＝期待役割」と呼ぶことにする。この期待役割を把握しておくことは、情報収集はもちろん、キャリアプランを考えるにあたっても極めて重要だ。

プロスポーツを例にするとわかりやすいだろう。

あなたがキャッチャーとしてプロ野球の世界に入ったとする。ただ、そのチームには絶対的なキャッチャーがいて、すぐにはレギュラーの座を奪うのは難しそうだとする。ならば、どうするか。

得意の打撃を生かすため、比較的選手層の薄い別のポジションの練習をすることで、出場機会を得るという手があるだろう。だが、その主力キャッチャーがそろそろ引退という年齢に差し掛かっているのなら、ポジションを変えずにしばらくは実力を蓄えるのもいいかもしれない。

プロ野球選手は、このように常に「全体の中で、自分にはどんな役割が求められているか＝期待役割」を考えながら、レギュラー奪取を目指す。

そして、選手一人ひとりがそのように考えて動くことが、チーム全体のパフォーマンスを上げることにもなる。

「自由にプレーするプロスポーツ選手」などごく少数

期待役割を考えることは、スポーツの世界では当然のことだ。サッカーならば「中央を突破する」「中盤でボールをキープする」などの役割があり、それは試合ごと、ポジションごとに変わってくる。

こうした役割は監督が決めることでもあるが、選手自身が監督の「期待」を意識し、それにフィットする役割を果たすことができれば、それだけ出場機会は多くなる。

プロ野球選手もプロサッカー選手も、プロ入り前は全員「エリート」であり、自分の好きなこと、得意なことで勝負してきたはずだ。だが、プロでそのスタイルを貫ける人はごくわずか。いや、実際にはトッププロであっても、自由にプレーしているわけではない。

多くのプロは、チームの中で求められていることと自分のできることを必死にすり合わせ、そのうえで個性を発揮して成果を出そうとしているのだ。

周りに勝てないと思ったら「スキマ」を探せ

こうした視点から、皆さんも自分の期待役割はどういったものか、改めて考えてみてはいかがだろうか。

もちろん、自分のやりたいことと期待役割が一致すれば一番いい。ただ、それはプロスポーツの世界と同じく、チーム内の相対性によって決まってくる。

あなたが営業部から商品企画部へ異動したとする。だが、商品企画部には名だたるアイデアマンが揃っていて、発想力で勝てるとはとうてい思えない。

ここで「期待役割」を考えてみる。

例えば、営業部出身であることを生かし、売上データを生かした企画を立案してみる。あるいはフットワークの軽さを生かし、販売店を足で回って稼いだ情報から企画を立案する。

こうして、今まで商品企画部にはなかった視点を提供できれば、自分の存在感を発揮することができるのだ。

あなたが全くの新人で、どうあがいても経験の差が埋まらないというのなら、「素人(しろうと)ならではの尖ったアイデアを出す」ことを自分の役割だと見定め、笑われてもいいから思い切ったユニークな提案をする、という「期待役割」も考えられるだろう。

メンバー一人ひとりが「期待役割」を意識することは、チーム全体のパフォーマンスの向上にもつながる。

例えば、常に「そんなことが本当に可能なのか？」というような突拍子もないアイデアを出す人と、「それは無理だ、なぜなら」と企画の実現可能性を論理的かつ冷静に分析する人、「全部は難しいけれど、この部分は生かせるんじゃない？」と間に入ってまとめようとする人など、それぞれ違った役割を持った人が集まったほうが、意見がより良いものに進化していくからだ。

†「なりたいのはどういう自分か」から逆算する

これはコンサルタントの世界では、ある意味常識である。

コンサルタントはみな、「データ分析においてあの人に勝つのは難しい。ならば企画力で勝負しよう」「小売業界についてはあの人がエキスパートと見なされているから、自分は別の業界のスペシャリストになろう」といったことを、無意識のうちに考えているものだ。

これは、いわゆる「パーソナルブランディング」の考え方でもある。自分の得意なこと、やりたいことと、自分の求められていることをうまく合わせていくことで、本人にとってもチームにとってもＷＩＮ－ＷＩＮの関係になる。そうして、「あの人ってあの

◎図3・1

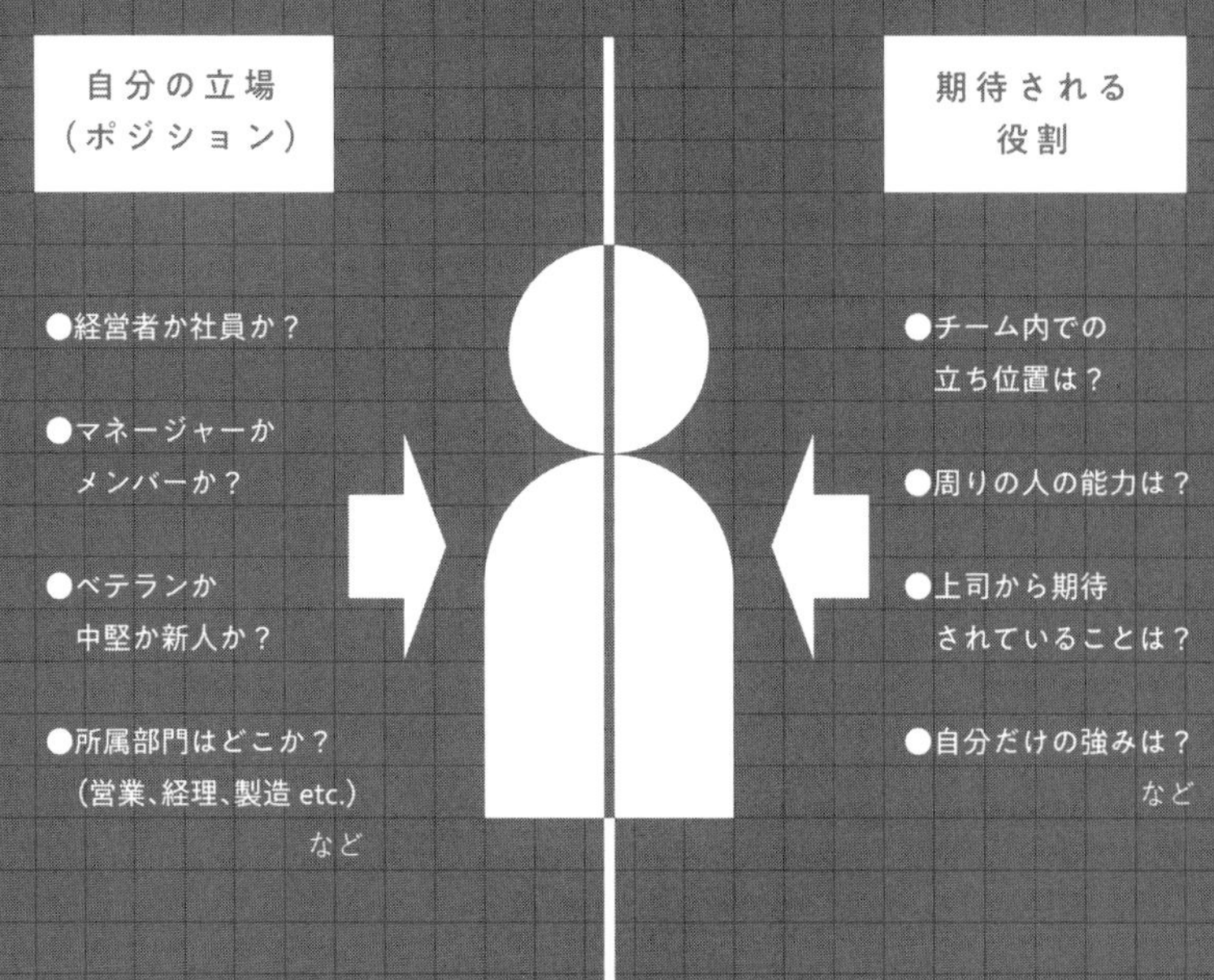

「どんな情報を収集すべきか」は、目的だけでなく自分のスタイルによっても決まってくる。
そしてスタイルは、自分の役職や部門などの「立ち位置（ポジション）」と、「期待される役割」の２つで構成される。双方を鑑みて、自分独自のスタイルを築くことが重要。

分野ではすごいよね」という名声を勝ち取っていくわけだ。

「なりたいのはどういう自分か」から逆算して考えるという意味では、これもまた「アウトプットから考える」ということだ。

30代以降は「自分はどこで勝負すべきか」を見直そう

このスタンスは当然、情報のインプットの仕方にも影響してくる。尖った提案をするのが自分の役割だと思ったら、会社の中にこもって資料を読んでばかりいても意味はない。現場に出たり、他の業種の見学をしたり、異業種の友人に会ったりといった活動をしたほうがいい。

逆に、会議を集約する立場だったら、参加者一人ひとりの個性や、メンバー同士の人間関係、部署同士の利害関係などといった情報も重要となる。極論すれば、市場で何が本当に求められているかなど、知らなくてもいい。

自分の現在の役職はもちろんだが、**「どうしたら周りの人と差別化できるか」という期待役割の視点から自分のスタイルを考える**ことは、あらゆるビジネスパーソンにとって不可欠と言える。

20代のうちはあれこれ試行錯誤してもいいが、30歳を過ぎたあたりからは、自分がどういうスタイルでこれからやっていくかということを明確にしておきたい。

新聞かSNSか……情報ソースもアウトプットで決まる

†SNSより新聞が上、とは限らない

情報収集の際に問題となるのが、「どこから情報を取ってくるか」である。SNSよりも新聞のほうが情報の精度が高いとか、専門家の意見を取ってくるべきだとか、いろいろな考え方があるが、これもまた「アウトプット」によって決まってくるというのが、私のスタンスだ。

顧客に提案するためのレポートや学術論文といった、絶対に間違ってはいけない件ならば、辞書や事典、年鑑などの発刊物や、政府や大学など社会的信頼度が高いソースを使ったり、時間をかけてでも専門家に裏づけを求める必要があるかもしれない。

だが、「会議の前に概略をざっと知っておきたい」というレベルなら、ウィキペディアで十分という判断も大いにありだ。また、SNSの情報は信憑性が低いと言われる

が、世の中のトレンドをざっとつかんでおきたい人にとっては、新聞や雑誌の情報よりも有益だろう。

だが、多くの人はアウトプットを意識しないまま情報を集めようとするから、何を信じていいのか、そもそもどこを調べればいいのかがわからない。その結果、片っ端から情報を集めようとして、時間ばかりかかって大した情報を得ることができないのだ。

アウトプットから考えることで、インプットもまた、速く、確実なものになる。

✝単なる「作業」はコピペでいい

ちなみによく問題視される「コピペ」(コピー&ペースト)であるが、私は**目的さえ明確であれば「コピー&ペーストも大いに結構」**という立場だ。

例えば上司からあるテーマに関して「明日までに○○についての概要をまとめてレポートを作ってほしい」という指示が出たとする。テーマにもよるが、こうした「情報の下調べ」といった仕事は、いわゆる「作業」に過ぎないことが多い。もし、あなたの会社でこうした指示ばかりが飛び交っているとすれば、少々問題があると言えるかもしれない。

ならば、そんなクリエイティブでない作業は、コピー&ペーストでもなんでも使ってできるだけスムーズにこなしてしまえばいいのだ。これもまた、アウトプットから考えた情報収集ということになる。

同様の理由で対話型ＡＩの活用も賛成である。例えば、ある分野・事項の概略をまとめる。さらに知らない分野の基本知識を得るなどであれば、大変な効率化につながる。その分、アウトプットに使える時間が増えると考えればよい。間違っても対話型ＡＩのアウトプットをそのまま自分のアウトプットとしないことである。

情報における「権威」がなくなってしまった

ちなみに以前はこの「どこから情報を持ってくるべきか」が、比較的わかりやすかった。それは、情報において明確な「権威」が存在したからだ。

具体的には、政府や大学、大企業や著名マスコミこそが価値ある情報を発信し、それに対して仲間内の情報や噂話といったものは、相対的に価値の低い、いってみればいい加減な情報だという、きれいな二項対立が通用した。ある意味わかりやすい時代だった。

ただ、今はその差が縮まっているどころか、場合によっては逆転していて、政府やマスコミより、民間のほうがよほどまっとうな情報を持っていることもある。境界があいまいになってしまっているというべきだろう。

これはやはり、SNSが発展してきたことが大きい。私はいまだにSNSの情報はあまり信じないほうだが、おそらく私のようなスタンスはもはやマイノリティで、多くの人は新聞よりもSNSを信じるようになってきている。というより、そもそも新聞を読まない。

†「どの情報を信じるか」を自分で決める厳しい時代

考えようによっては、これは非常に厳しい時代である。かつては信頼できる情報が欲しかったら、日経新聞さえ読んでいればよかった。だが、今はどの情報に目を通し、どの情報を信じるか、自身で選択しなくてはならない時代になっているのだ。

かつての日本人は、国や大企業、あるいは著名マスコミの言うことを無条件に信じるという傾向があった。だが、こうした「大本営発表」の信頼性は、政府による統計の不正や大企業の不祥事隠し、あるいは捏造記事やフェイクニュースなどの影響で、大幅に減少した。「情報が上から降ってくる」時代は終わったということだ。

とはいえ、ＳＮＳの噂話が正しいということもない。今の世の中はどちらかというと、「政府や大企業の言うことは信じられないから、ＳＮＳに真実がある」と考える人が増えているようだが、それもまた極論だろう。

もしビジネスを本当にしっかりと進めていきたいと思うなら、こうした情報の見極めは非常に重要になる。自分なりのレンズを持ち、それを常に磨き続けることが求められるのだ。

†「なんとなくおかしい」第六感は意外とあたる

では、情報の真贋をどう見抜くのか。少なくとも、多くのサイトに載っている情報だから正しい、というのは少々怖い。ネット上で当たり前のように出回っている情報も、よくよく調べてみるとその情報源は一つだけで、しかも、その情報源自体が間違っているということが多々ある。ネットでは情報の真偽にかかわらず一気に広まってしまう恐れがあるからだ。

もちろん、各種ソースで裏づけを取ることは重要だ。だが、情報における絶対の権威がない以上、自分なりの判断基準や常識といったフィルターを通し、ちょっとでも「おかしいな」と思ったら、疑ってかかることが重要だと思う。

私は著書『右脳思考』(東洋経済新報社)において、「なんとなく気に入らない、気分が乗らない」という勘を無視すべきではないと説いている。ここでいう勘とは、単なる思いつき、いわゆる「山勘」とは違い、自分の経験や知識から導き出されたものを指す。

勘が働いて**「なんとなくおかしい」と思った背景には、その勘を働かせた元となる、なんらかの要素がある**と考えられる。その感情がどこから出てきているかをはっきりさせることで、情報の真贋が見えてくる。そうした「第六感」を使った情報との接し方もまた重要だと、私は考えている。

「ネガティブな情報」を意識的に集めよう

†立場が上がるほど「都合の悪い情報」がシャットアウトされる

ここまで、アウトプットを意識して情報と接することの重要性について話をしてきたが、一つ注意しておきたいことがある。それは、こうしたスタンスでいると**気づかないうちに「自分にとって都合のよい情報ばかりを集めてしまう」という危険性がある**ことだ。

例えば、ある新製品開発を進めるか否かの情報を集めるとする。これはいわゆる「意思決定の助けとなる情報」だ。だが、自分としてはこの新製品は絶対にうまくいくはずだと考えていると、無意識のうちにそれを後押しするような情報ばかり集めるか、あるいは都合の悪い情報を軽視してしまう可能性がある。そして、「市場規模は十分大きい」「我が社にはその分野に関する技術力がある」「競争相手はこの分野で我々に追いつくのは不可能だ」といった情報ばかりを集めてしまう。

だからこそ、あえて懸念材料も集めるようにしておきたい。「市場はすでに成熟化して競争が激しい」「競合他社の技術力は我が社より劣るが、コスト競争力が圧倒的にある」などである。

こうして、ポジティブな情報とネガティブな情報を並べたうえで、それでも進めるべきだと判断したら進める、というスタンスが重要なのだ。

これは、あなたのポジションが高ければ高いほど、注意すべきことだ。部下は上司の意図を敏感に察知する。あなたに気を使って、部下があえてネガティブな情報を伏せたり、都合のいい情報ばかりを持って来たりすることは意外と多い。

仮説がないから、情報に振り回されてしまう

では、アウトプットなど意識せず、情報とフラットに接するほうがいいではないか、と考える人もいるかもしれない。

だが、それはそれで問題がある。というのも、自分のスタンスをはっきりさせておかなければ、自分が情報に振り回されてしまうからだ。

どんな新規事業を手がけるべきかという意思決定をする際、なんらかのアウトプットのイメージ、つまり仮説を持たずに情報と接すると、どうなるか。A社でこんな事例があると聞くと、「じゃあ、それだ！」となり、今度はB社でこんな成功例があると聞くと「やっぱりこれだ！」となる。つまり、情報をキャッチボールするのではなく、情報に自分がキャッチボールされてしまう。

一方、曲がりなりにも「従来のネット一辺倒から、リアルビジネスに進出すべきではないか」といった仮説があれば、少なくともそれに全く関係のない新規事業のネタは無視できるはずだ。

M&Aの成功を左右する「仮説に基づいた指示」とは？

ある程度のポジションの人ならば、情報収集を部下に任せることも増えるだろう。その際にも必ず仮説が必要だ。

これはM&Aの際によくある話だが、失敗する経営者の多くは、「買収すべきかどうか決められないから、もっと情報を集めてほしい」といったあいまいな指示を出す。だが、こうしたスタンスで集められた情報は雑多なものとなり、むしろ迷いが深くなる。

優れた経営者は、「自分としては買いたい。しかし、この点とこの点に疑問が残るので、そこを判断できるような情報を探してほしい」などと、より具体的に指示を出す。自分の意思を明確にしたうえで、ネガティブな情報も併せて検討するというスタンスを明確にしているのだ。このほうが、部下としても情報が集めやすいのは言うまでもない。

結局、情報を網羅することは不可能であり、限られた情報で、限られた時間にて決断をする必要がある。そのためには「仮説」を立てることが絶対に必要なのだ。

正しい答えなどない。それでも、自分のスタンスを決める

あらゆる議論は「トレードオフ」である

情報と接するにあたって「自分の立ち位置を意識する」という意味でぜひ、覚えておいてもらいたいことがある。それは、**世の中の大半のものには「唯一絶対の正しい答えなど存在しない」**ということだ。

にもかかわらず、それを求めて情報をひたすら集めようとするから、いくら時間があっても足りなくなる。そして、いつまでも結論を出せなくなる。

例えばコロナ禍において、アメリカやフランスといった国々はいち早く規制を緩め、経済活動の再開に舵を切った。一方、日本は感染拡大防止に力点を置き、規制を継続した。

経済活動を止めてしまったら、貧困にあえぐ現役世代の生活が立ちいかなくなる。一

方、感染の拡大は、重症化リスクの高い高齢者をより危険にさらすことになる。つまり、経済活動再開を重視する政策は現役世代を重視し、感染拡大防止を重視する政策は高齢者重視と言うことができる。もちろん、政治家があからさまにそう言うことはないが。

これについては様々な意見があるだろう。「命は等しく平等だ」と考える人は早期の経済活動再開を批判するだろうし、もう一方の立場に立つ人は「経済活動を早期に再開させたほうが、犠牲になる人は最終的には少なくなるはずだ」などと主張するだろう。

私はここで「どちらが正しいか」を考えるのは無意味だと思う。どちらの主張にも相応の根拠があり、正しさがある。それを両立させることができないから対立が生まれる。いわばトレードオフの関係だ。

コロナの問題に限らず、ほとんどの議論において「絶対に正しい答え」など存在しない。そもそも、そんなものがあれば議論にすらならない。その正しい答えを実行すればいいだけの話だからだ。

世の中で、あるいは仕事やプライベートにおいて意見が分かれるような問題があったとしたら、「絶対の正しい答えなどない」ということをまず、意識すべきなのである。

†違いを理解したうえで、自分のスタンスを明確にする

このように、「絶対の答えが出ない議論」に際して重要なことは、「自分はどちらのスタンスを取るか」を決めることだと思う。両方の主張を理解したうえで、「自分はこう思う」という立場を決める。そのうえで、それを裏づける情報を集めていく。

そして、どちらが正しいのかを議論して争うのではなく、双方の主張を理解しながら、より良い道を探っていく。

例えば自動車は人々の生活を大いに便利にしたが、同時に多くの人の命を奪ってきた「凶器」でもある。実際、自動車の黎明期にはその安全性について大いに議論があった。しかし、自動車を禁止することはしなかったし、だからこそ今の交通・流通の発展がある。

その間には、自動車の安全性を巡る様々な議論があったことだろう。そして、それがあったからこそ技術は発展し、ルールは整備されていった。その結果、かつて日本では年間1万人以上の自動車事故の死者が出ていたところ、現在ではピーク時の5分の1以下になっている。

正しい答えなどない、だからといって「判断をしない」というのもまた、思考停止に他ならない。

例えばコロナワクチン接種に関して、初期の頃「様子見」の人が結構いた。もちろん、自分の体に入れるものに対して慎重になるのはわかるが、「様子見」というスタンスは結局、「正しい答えがどこかにあるはず」という正解主義に他ならないのではないだろうか。

ワクチンには確かに副反応などのリスクがあるだろう。一方、接種しないことによる感染リスクももちろんある。それらの情報を集め、「接種する」「接種しない」のどちらのスタンスを取るかを明確にすることこそが、必要な情報との接し方だと思う。

「違いを理解したうえで、自分のスタンスを明確にする」ことこそが、正しい答えなどない時代を生き抜くために必要な情報との接し方だ。

知的生産の秘蔵のノウハウ「20の引き出し」

脳内の「20の引き出し」がスパークを生む

✝なかなか信じてもらえない!?　私の秘蔵ノウハウ

第2章で、「アイデアの元になる情報」はあまり時間をかけて収集したり、細かく整理したりするより、ある程度泳がせて熟成させたほうが「スパーク」が生まれやすい、という話をした。

私自身、すべてのアイデアや情報を取っておくようなことはしていない。だから、街中でふと「これは面白いかも」と思ったネタがあっても、そのまま二度と引き出されないことも多々ある。それはそれで仕方がない、と割り切っている。自分にとって大した情報ではなかったということだ。

だが、そのようなやり方で本当にアウトプットが、つまり優れたアイデアが生み出せるのか、不安に思う人もいるだろう。ここで、私の秘蔵のノウハウを紹介したい。それが「20の引き出し」である。

実はこの「20の引き出し」については、いろいろな本や雑誌で何度も書いているのだが、なかなか理解してもらえないことが多い。「本当にできるのか」とか、「内田さんだからできることだ」などと思われがちなのだ。

ただ、私としては長年このやり方を活用しているし、誰にでも使える汎用的な方法だと自負している。以下、その方法についてお話ししたい。

得た情報を、「頭の中の引き出し」に放り込む

「20の引き出し」とは何かをひと言で説明すれば、**「頭の中に情報を整理して入れるための仮想の引き出しを作っておく」**ということになる。新聞や雑誌、ウェブなどで得た情報や、人から聞いた話、街中で見かけてふと気づいたことなど、入手した情報を、その頭の中の仮想の引き出しの関連する場所に入れておくのだ。

あなたが「リーダーシップ」「イノベーション」「人材育成」に関心があるとすると、とりあえずこれが三つの「引き出し」となる。そして、ある情報を得たときに「これはリーダーシップにとってのヒントになるな」と思ったら、それを頭の中の「リーダーシ

ップ」の引き出しに入れる、ということだ。

この引き出しは実際に存在するものではなく、あくまでイメージだ。引き出しよりも、机の上に置かれたファイルボックスや、パソコンのフォルダのほうがイメージしやすいというのなら、それでもいいだろう。

つまり、自分にとって必要な情報が得られた際、その情報を頭の中の引き出しやファイルボックス、あるいはフォルダに入れるとイメージするのだ。

あなたの脳内にもすでに「引き出し」がある

これは何も特別なことではない。すでに誰もが意識せず、頭の中にこうした「引き出し」を持っているはずだからだ。

もしあなたが「旅行が趣味」で「ワイン好き」なら、あなたの頭の中にはすでに「旅行」「ワイン」という引き出しがあるはずだ。そして、誰かとの会話の中でお勧めの旅行先の話が出たり、テレビでワインを紹介していたら、無意識のうちにそれぞれの引き出しにその情報をしまっている、と考えることができる。

これらの「引き出し」に入れた旅行先やワインの情報は、もちろん忘れてしまうこともあるだろうが、関心のない分野の情報に比べ、確実に記憶に残っているはずだし、折に触れて引き出すことも容易だろう。

つまり、それを意識化したものが、この「20の引き出し」なのだ。

「20」という数には別に意味はない。私にとってちょうどいい数が20くらいというだけで、人によっては多すぎるという人も、これでは足りないという人もいるだろう。

大事なのは、自分の頭の中にはどんな引き出しがあるのかを、一度リストアップしてみることだ。今、自分が何に関心を持っているのか、何を目指しているのかが一目瞭然となる。いわば**「脳内知の形式知化」**である。

情報が自然と頭に飛び込んでくる。しかも忘れない

この引き出しを持つことのメリットはいろいろあるが、まずは、先ほどの旅行やワインの例のように、引き出しを意識することで、頭の中に情報が定着しやすくなる。

優れたアイデアを「スパーク」させるには、とりあえず面白そうだと思った情報を頭の中で泳がせ、熟成させるべきというのが、私の持論だ。だが、単に「面白い情報」というだけでは、記憶に残りにくいのも事実。「この引き出しと関連した面白い情報があ

ったな」というほうが、記憶への定着率が格段に高まる。

また、情報に対する感度が鋭くなるのもメリットだ。漠然と「何か情報はないかな」と探したところでろくな情報は集まらない。「どんなアウトプットのために、どんな情報が必要か」がわかっていればこそ、最短で必要な情報が集まる。

それと同じで、自分がどんな分野に関心を持っているかがわかっていれば、情報に対するアンテナの感度も上がる。すると、必要な情報が次々に飛び込んでくるのだ。

例えば、自分の中に「人材育成」という引き出しがあることを意識していると、単なる企業の成功事例が、実は人材育成に関する重大なヒントになっていることに気づいたりする。そうしたら、その事例を自分の「人材育成」の引き出しにしまう、というわけだ。

引き出しだけに「すぐに引き出せる」というメリットも

引き出しだけに「引き出しやすい」のもメリットだ。誰かとリーダーシップについて話している最中に、「そういえばリーダーシップの引き出しにあの話があったな」というように、スムーズに情報を引き出すことができるようになるのだ。

実際に自分が見聞きした事例はもちろん、新聞や雑誌、テレビなどで見た情報を、「いつか使えるかもしれない」ということで頭の引き出しの中に入れておく。すると、実際にそのテーマの話が出た際に、比較的スムーズに取り出すことができるというわけだ。

その意味では、「20の引き出し」はアイデア創出のためだけでなく、「コミュニケーションの手段としての情報」を集める際にも役立つのである。

また、私の場合は、講演のネタや書籍の材料としても使っている。このように一粒で何度もおいしいのである。

「20の引き出し」活用法①
脳内に多数のネタを収納する

✝引き出しは時々刻々と変化していく

　では、私がこの20の引き出しをどのように使っているのかを、具体的に例を出しながらご紹介したい。

　今現在、私の頭の中にある「20の引き出し」は次ページのようになっている。これはあくまでバーチャルなものであり、現時点で棚卸しをしてみたら、こんな引き出しがあった、ということに過ぎない。内容はしょっちゅう変化するし、常に20あるとも限らない。その時々の関心によって、二つの引き出しが一つに統合されることもあれば、一つの引き出しが二つに分かれることもある。

　参考までに、本書の元となった『プロの知的生産術』(ＰＨＰビジネス新書)に掲載されていた２０１１年当時の私の引き出しの中身を紹介しよう。

◎図4・1

20の引き出し

仮説思考	論点思考
右脳思考	ビジネスモデル（プラットフォーム）
ゲームチェンジ	パラダイムシフト
リーダーシップ	経営者育成
コーポレートガバナンス	社外取締役
運（勘）	イノベーション
シェアリングエコノミー	ＥＶ
自動運転	ＭａａＳ
イスラエル	ＧＡＦＡ
ブロックチェーン	ＡＩ

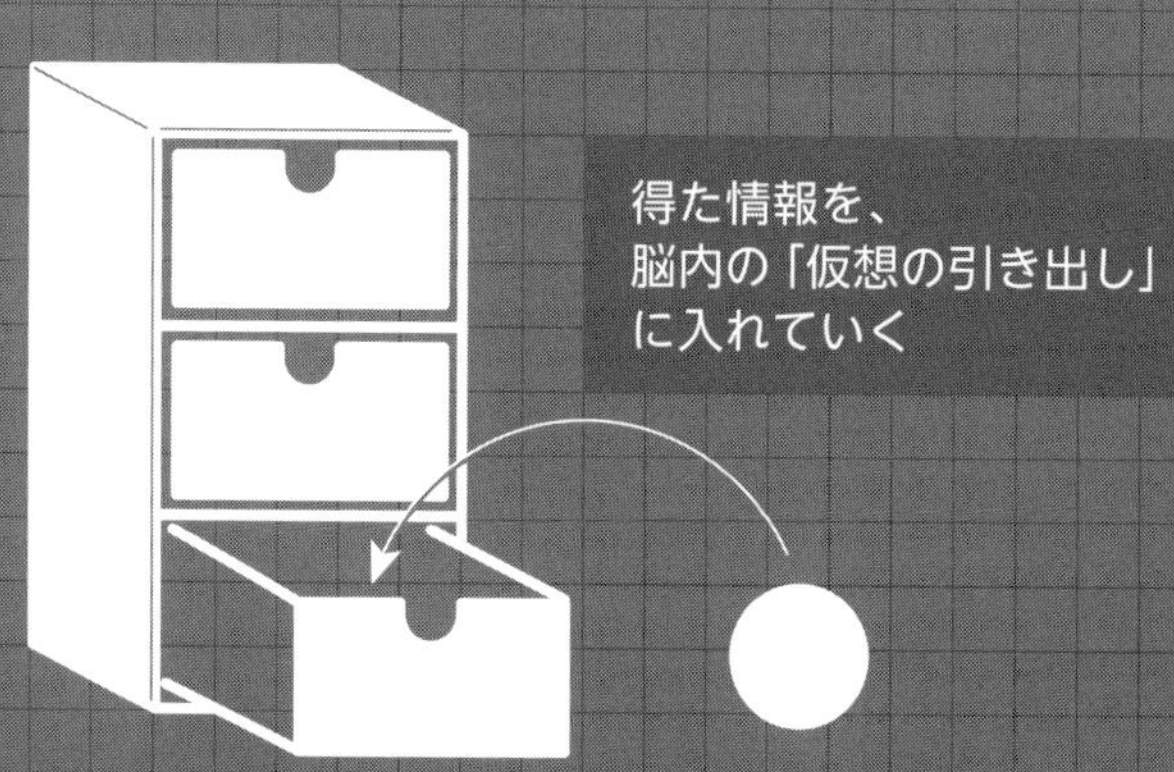

仮説思考　論点思考　右脳思考　パラダイム　リーダーシップ　危機のリーダーシップ
経営者育成　創造性　観感勘　運　異業種競争戦略　事業連鎖　ビジネスモデル　ＳＮＳ　通信販売　ＢＯＰ・新興国　ピークを過ぎた国日本　日本企業のグローバル化　東アジア企業構想　サッカー

「仮説思考」「論点思考」「右脳思考」「リーダーシップ」「経営者育成」といった不変のものもあれば、当時は新しかった「ＳＮＳ」「ＢＯＰ」などがなくなり、代わりに「ＡＩ」「ＭａａＳ」「ブロックチェーン」の項目が加わっていることがわかる。また、「異業種競争戦略」がなくなっているが、このテーマに関する事例は「ゲームチェンジ」「ビジネスモデル（プラットフォーム）」といった項目の中に含まれている。「異業種競争戦略」がこの二つに細分化したとも考えられる。一つの引き出しが分裂した例だ。

引き出しのタイトルをどうするかはもちろん自由だが、シンプルでわかりやすいタイトルにしておいたほうがいいだろう。引き出しのタイトルが決まれば、後は「面白い」と思ったものを、該当する引き出しに放り込んでいくわけだ。

それぞれの引き出しには、「ネタ」が収納されている。三つほど紹介しよう（図４・２）。

◎図4・2

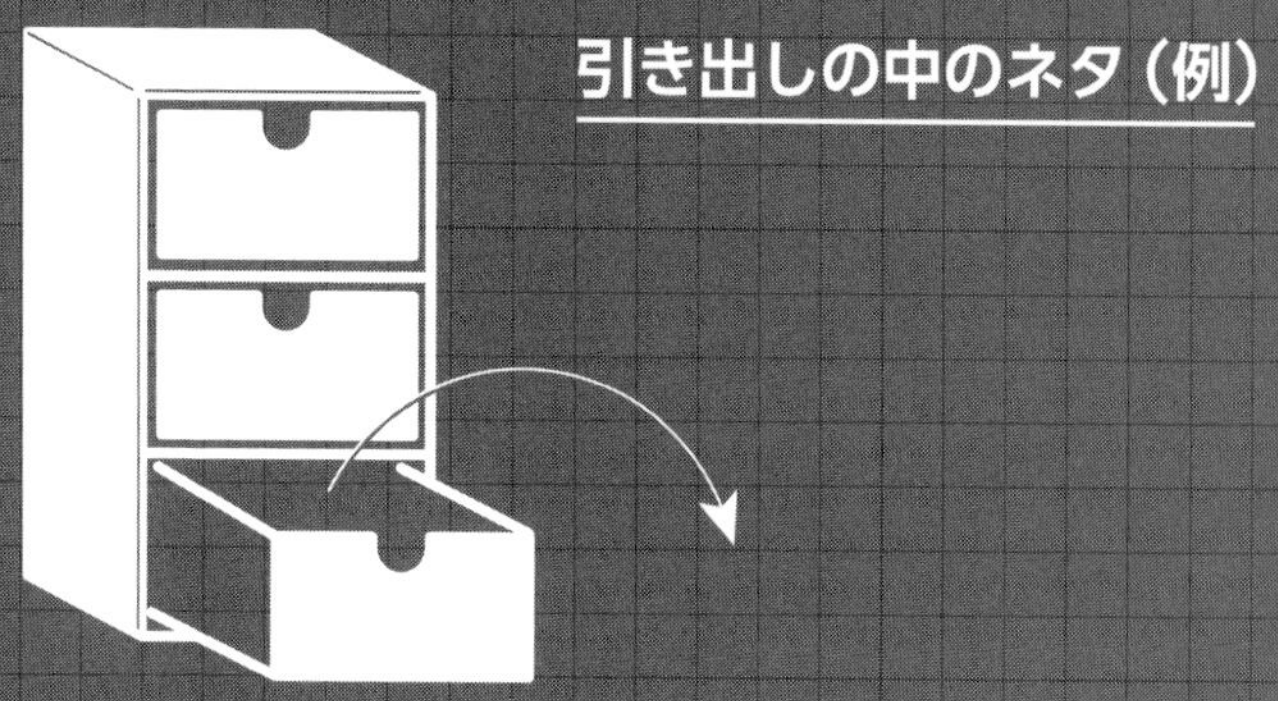

●ゲームチェンジ

プロセス改革　市場創造　事業創造　秩序破壊（ゲームチェンジャーの四類型）ゴッドファーザーとチャンピオン　イノベーションのトライアングル　トヨタの十年後　ＡＷＳ（アマゾンウェブサービス）　構造変化　心理的変化　所有から利用へ　安全指向・環境指向　ドライバーとブレーキ……

●運（勘）

ギャンブラーと勝負師　空港のセキュリティー　経営者は勘で仕事する　バンドワゴン効果　山勘ではなく経験に基づいた勘　虫の知らせ　あたりをつける（プロービング）　筋の良し悪し……

●ＡＩ

対話型ＡＩ　ChatGPT Midjourney　機械学習　教師データ ディープラーニング　ワトソン　ＡＩとＩＡ　なくなる仕事　ペッパー君のけん玉　グーグルデュプレックス　自動運転　ＡＩスピーカー　アルファ・ゴ・ゼロ　ニューラルネットワーク　ＡＩとＢＩ　富の再配分　ブラックボックス問題……

私の場合、この20の引き出しの中に、それぞれ20個ほどのネタが入っている。つまり、400ほどのネタが常に頭の中に収納されているという計算になる。ただ、ネタによっては「運（勘）」のように少ないものもあったり、むしろそれ以上あるもの、複数の引き出しにまたがるものもある。

ともあれ、これが私が今現在持っている具体的なネタというわけだ。

†「AIとIA」「AIとBI」とは？

ネタのタイトルは引き出しと同様、好きなようにつければいい。ただ、この脳内の引き出しは記憶が頼りであるだけに、なるべく覚えやすく、思い出しやすいような工夫をするようにしている。

例えば、語呂合わせ的な名前である。「AIとIA」「AIとBI」などがそれにあたるだろうか。

AIというのは知ってのとおり、「Artificial Intelligence」、つまり人工知能のこと。一方、IAは、「Intelligence Amplifier」の略で、「知能増幅」などと訳される。

AIの発想の根幹にあるのは、人間の知性を機械で置き換えようという、いわば「リプレースメント」だ。コールセンターや弁護士のリサーチ業務などをＡＩ化するというのは、まさに「人間の仕事を機械に置き換えること」に他ならない。

一方、ＩＡは、機械を用いることで、人間の知能をどのように増幅させるかという考え方だ。機械はあくまで、人間がより豊かな生活を送るためのサポートであるべきという位置づけである。

「ＡＩとＩＡ」とは、この考え方の相違を指す。ＡＩ派は、ＡＩの活用によって世の中の生産性が向上し余剰が生まれたら、その分を再投資に回し、さらなる技術や社会の発展を目指すべきと考える。ＡＩに代替されない仕事をする人のみが生き残り、巨万の富を手にする一方で、ＡＩにより仕事を奪われる人が増え、貧富の格差は今以上に拡大するが、それはやむを得ないこととする。

一方、ＩＡ派はＡＩを用いることによって生まれた余剰を、人間の豊かな生活のために使うべきだと考える。ＡＩによって短い時間で仕事が終わるようになれば、その時間は余暇や趣味に使えばいい。生産性が向上した分は、貧しい人に再配分すればいい。そういう発想だ。

少々たとえが悪いかもしれないが、奴隷の労働により余暇を楽しんだ古代ギリシャ人やローマ人のような生活を送るか、植民地をどんどん拡大していった大英帝国のような道を選ぶか、と言えるかもしれない。

どちらが正しいというわけではない。ただ、私はIA派なので、AIを使って生まれた余剰分は、社会に還元すればいいじゃないかと考える。一例として、ベーシックインカム（BI）の導入などが考えられる。これが、「AIとBI」の話である。

✝「ひねったネーミング」で注意を惹く

私は引き出しからネタを拾って人に話すことも多いので、「人が面白いと思ってくれそうな名前にする」ことも意識している。ストレートなネーミングより、ちょっとしゃれた感じの名前や、**思わず「それってなんですか？」と聞きたくなるような名前をつける**ようにしているのだ。

これも一例を挙げれば、運（勘）の引き出しにある「ギャンブラーと勝負師」だ。元ネタは著名なスポーツライターである二宮清純さんの言葉である。彼によれば、ギャンブラーというのは運を天に任せる人のことであり、勝負師というのは、最後まで運を手元にたぐり寄せようと努力する人のことだという。

実は優秀な経営者には、「運」や「ツキ」を重視する人が非常に多い。ただ、その運というのはギャンブラーとしてのそれではなく、運をたぐり寄せるために相応の努力をしている。だからこそ彼らは成功を手にすることができる。つまり、名経営者は「勝負師」である。そういう話である。

これがまさに「スパーク」である。以前から関心を持っていた「運（勘）」というテーマと、やはり関心を持っていた「経営者育成」が結びつく。そこに、二宮氏の「ギャンブラーと勝負師」のネタが加わったことで、「これは優秀な経営者の条件ではないか」という思いつきに至るわけである。

「20の引き出し」活用法②
パワフルな「事例」を自由に引き出す

✝事例ほどパワフルな説得材料はない

この20の引き出しが最も効果を発揮するのが、「事例」である。特にコンサルティングの場では、単に自分の考えを述べるよりも、それに関連する事例を一緒に紹介したほうが、相手へより強く印象づけられる。

これはコンサルタントに限らないだろう。どんな分野においても、正しいと思うことを大上段から説得しようとしても、それが単なる理屈だけだと、相手はなかなか納得してくれない。

それに対して、**たった一つの事例が入るだけで、話がスムーズに進む。**事例は非常にパワフルな説得材料なのだ。

†「トヨタの10年後」

ここでも一例を挙げてみよう。講演会で「時代の変化のスピード」について話してほしいとの依頼を受けた。そこで、引き出しの中から「ゲームチェンジ」をテーマにすることにする。

ゲームチェンジというのは、文字どおり「ゲームのルール」そのものが変わってしまったため、それまで市場を独占していた企業が一気に没落したり、新興企業が市場を席巻したりすることを指す。

ただ、そうはいっても具体的にどのようなことなのか、イメージしづらいのも事実。そこで、この引き出しの中から「トヨタの10年後」というネタを引っ張り出し、紹介する。

これは、以下のような話である。

まず、現在の携帯電話市場の話をする。1位が韓国のサムスンでシェアが30%弱、ほぼ同率で2位が米アップル、そして3位が中国のシャオミと続く。

では、15年前はどうだったか。例えば2007年のランキングを見てみると、トップはフィンランドのノキアで約40％のシェアを占め、それを2位の米モトローラが追うという構図になっている。そう、つまり十数年前にトップシェアを誇っていた企業が軒並み消えてしまっているのだ。

この変化をもたらしたのは、言うまでもなくスマホへのシフトである。まさに、ゲームのルールが変わってしまったのだ。

そう考えたとき、今、自動車業界で世界のトップを走るトヨタが、同じようなゲームチェンジにより10年後にいなくなってしまうこともあり得ない話ではない。これが「トヨタの10年後」という話である。

†どんな業界でも「まさか」は起こり得る

まさか、と思われるかもしれないが、懸念点はいくらでもある。

例えばトヨタはハイブリッド車において環境対応のトップを走っていたが、今では電気自動車（ＥＶ）がその座を奪おうとしている。環境規制の厳しい米カリフォルニア州ではすでにＥＶへのシフトが進んでおり、トヨタのハイブリッド車は環境非対応車、つまり環境に優しくない車だと認定されつつある。ＥＶ開発で後れを取るトヨタにとって、ここに大きなリスクがあることが明るみになったわけだ。

また、そもそも自動車はハードウェアだったものが、今では「ソフトウェアの塊（かたまり）」になりつつある。これと似ているのがPC業界だ。かつてはIBMのようなハードとしてのPCを製造・販売する企業が幅を利かせていたが、今ではむしろ「部品」であるソフトやプロセッサーを作っているマイクロソフトやインテルのほうが儲かっている。これもまさに「ゲームチェンジ」だが、同じことが自動車業界でも起きかねない。

もちろん、トヨタだって手をこまぬいているわけではなく、ゲームチェンジを見事に乗り越える可能性もあるだろう。ただ、こういう話をすることで、単に「ゲームのルールが変わって、昨日までトップだった企業がいなくなる可能性もありますよ」という話が、より説得力を持つようになるわけだ。

一つのネタを複数の引き出しに入れることも容易

こうした事例は一つの引き出しだけに収まるとは限らない。「トヨタの10年後」は「ゲームチェンジ」とともに、「EV」の引き出しにも入っている。

さらに、この事例は「ＭａａＳ」の引き出しにも入ってくるだろう。「ＭａａＳ」とは、「モビリティ・アズ・ア・サービス」、つまりサービスとしての移動手段を指す。情報通信技術を活用し、すべての移動手段をシームレスにつなぐ新たな移動の概念などと紹介されることが多い。例えばスマホで目的地までのルートを検索し、そこに至るまでの鉄道やバス、レンタカーなどの移動手段をすべて予約・決済できるなどという仕組みだ。

もう一つ、「シェアリングエコノミー」の引き出しにも関連している。モノや場所を所有するのではなく、必要なときに貸し借りするという経済のあり方を指す。自動車でいえばカーシェアリングがその代表だ。

どちらも、トヨタをはじめとした自動車会社の「新車を製造し、個人に販売する」というモデルを根底から覆すものである。

こうした変化がすべて起こるかどうかはわからないが、一つも起こらないとは考えにくい。そう考えたとき、「トヨタが10年後に自動車業界のトップから退場している」という話は、がぜん現実味を帯びてくるのだ。

このように、複数の引き出しにまたがるネタは多い。バーチャルな引き出しだからこそ、複数の引き出しに同時に入れておくことも容易にできるのだ。

†20の引き出しとは「ゆるい」情報整理法である

ただ、私の持つネタの中には、こうして理路整然と語ることのできるものもあれば、まだ何に使うかがよく見えていない、生煮えのものもある。いわばネタの仕掛品だ。だが、それはそれでいいと割り切っている。

本当に重要な情報ならいずれ何かの機会にスパークを起こして、使える情報になるだろうし、そうでないならいずれ記憶から消えていき、引き出しの中からも消えていくだけの話だ。

別に**引き出しに入れたからといって何かに生かさなくてはならない、などという強迫観念は持たないほうがいい**。このような気楽なスタンスでいるのが「20の引き出し」を活用するコツである。

「袋ファイル」との併用で、ストレスフリーに整理する

†「脳内の棚卸し」で意外な発見が!?

「引き出し」を作るにあたっては、まず自分の興味のある分野は何かを列挙していくのだが、ここでいきなり20個挙げようとすると、少々大変かもしれない。最初は三つか四つでもいいだろう。そして、慣れてきたら増やしていけばいい。

その結果、10くらいで止まってしまっても、あるいは30まで増えてしまっても、自分が使いやすいということならば、それでいいだろう。

こうして引き出しを作ったら、後は得た情報をどんどん、その引き出しの中に放り込んでいく。ある情報が「自分の引き出しのこの分野に関連するな」と考えたのなら、頭の中のバーチャルなその引き出しに放り込むイメージを持つわけだ。

この**「引き出しを作ってみる」という作業は、自分の興味・関心を棚卸しする、とい**

うことでもある。すると、自分がどんな分野に関心を持っているかを再認識できるようになるとともに、その分野に対する情報に自然と関心が向き、集まりやすくなってくるわけだ。

✝透明な袋に放り込み「熟成」を待つ

ただ、バーチャルな引き出しだからといって、絶対に頭の中にだけ残しておかねばならない、ということでもない。実際には私も、資料や切り抜き、メモのような物理的な情報を残しておくことがある。

だが、そのやり方にこだわりすぎて、時間をかけてしまっては本末転倒だ。そこで私は「袋ファイル」という簡易的なやり方を用いている。これは山根一眞氏や野口悠紀雄氏のファイリング方法を参考に、私が独自に考案したものだ。

Ａ４判の書類が入る透明な袋（Ａ４Ｌ）を用意し、テーマのラベルを貼る。そして、気になったものをどんどん放り込んでいくだけだ。仮に「ＭａａＳ」というテーマなら、それに関する新聞や雑誌の記事の切り抜き、展示会などで手に入れたパンフレット、関連する番組を録画したＤＶＤまでなんでも放り込んでしまう。

放り込むだけで整理するわけではない。ただ、たまに見返してみることで、意外なアイデアが浮かぶことがある。まさに「熟成」させてスパークを待つわけだ。その結果、先ほどの事例のように「ゲームチェンジ」のネタと結びつき、トヨタの事例につながっていったりする。

また、私は職業柄、何かのテーマに沿って講演などをする機会がしばしばあるが、例えば「ＭａａＳ」について講演をするとなった場合は、同テーマの袋ファイルをざっと見直すことで準備をすることができる。

袋ファイルの見出しは「20の引き出し」と必ずしも一致させる必要はないが、引き出しが自分の興味・関心に基づいている以上、自然と一致してくるはずだ。

†「面倒くさい」と思った時点でアウト

ちなみに、なんでもこの袋ファイルに入れているわけではない。例えば書籍に関しては、線を引いたり付箋をつけたり、あるいはページを折り返したりして、そのまま書棚に戻す。「線を引く」「付箋をつける」「ページを折る」という行為により、頭の中の「20の引き出し」に入ったとするわけだ。前述した「脳にレ点を打つ」である。

一方、新聞や雑誌は書籍と違って現物を残すことが少ないので、気になった箇所を切り取ることも多い。最近はハサミすら使わず、びりびりと破いてしまったりもする。ただ、この場合も残した資料そのものより、自分の手を使って切り抜いたことで、「脳にレ点を打つ」ことが重要なのだ。

情報源としては「人から聞いた話」も重要だ。だが、それをいちいちメモに起こして、この袋ファイルに入れる、というようなことはやっていない。これもあくまで頭の中の引き出しに投げ込むだけだ。

とはいえ、書籍のコピーを取ってファイルに入れたり、人から聞いた話のメモを袋ファイルに入れてはいけないということでもない。要は自由にやればいいのだ。

あまりきっちりと仕組みを整えて、そのルールどおりに整理しなくてはならないとなると、どうしても面倒くささが伴って、情報収集や整理が苦痛になってしまう。ストレスを感じないことが大切だ。

「面白い」は検索できない！

以前、テレビ番組の『カンブリア宮殿』において、「キッザニア」が取り上げられた回を観たときのことだ。ご存知のとおりキッザニアは、子供が職業体験をすることができるテーマパークで、楽しみながら仕事について学ぶことができる。

これについて司会の村上龍氏が「子供に限らず、人間というものは教育や学習と思って学んだことは脳の浅い部分にしか入らないのでなかなか覚えられない。それに対して、遊びを通じて学んだことは脳の深いところに入っていくのでよく記憶に残るし、学習できる」ということを言っていたのだが、情報収集についてもまさに同じである。

つまり、**ストレスを感じることなく、楽しく情報収集したほうが記憶にも残るし、アイデアも湧いてくる**、ということだ。

だからこそ私は、「20の引き出し」に入れる情報についても、あまり厳密にフィルタリングせず、「面白い」かどうかで判断してしまっていいと思う。「使える」「使えない」で判断しようとするとストレスを感じ、頭に残りにくくなってしまう恐れがある。

結局、いくらＩＴが進化して情報アプリやデータベースが充実し、検索性が高まったとしても、**「面白い」というキーワードで検索はかけられない**。しかし、自分にとって「面白い」と感じたものこそが、本当に重要な情報なのである。

最もラクな差別化戦略
「デジタルとアナログの使い分け」

誰もがデジタルを使う。だからアナログを使おう

†デジタルだけで差別化を図るのは「いばらの道」

私のアウトプット術において「20の引き出し」とともに中心的な位置を占めるのが、本章で紹介する「デジタルとアナログの使い分け」である。

ここまでどちらかといえば私は、デジタルに対して否定的なことを書いてきた。

とはいえ、もちろん私もデジタルを活用しているし、デジタルグッズの使用に関してはむしろ他の人よりも積極的なほうだ。便利なデジタルグッズは大いに使えばいいと思う。

だが、本書のテーマである「アウトプットでどう差別化するか」を考えたときには、少々事情が異なる。誰もがやっていることをやったところで、差別化にはならないからだ。

前にも述べたように、あるテーマについてレポートを書こうとすると、ほとんどの人がまずネットで検索して情報を集め、それをパソコンでまとめ上げてレポートの形にする。誰もが同じようなプロセスを経るため、アウトプットもまた似たようなものになってしまう。これはやはりの対話型ＡＩ（ＣｈａｔＧＰＴなど）でも全く同様である。

もちろん、ＡＩを駆使してビッグデータの分析を行うなどのデジタルスキルで勝負する手もあるが、それこそ相当な修練が必要となる。ここで差別化を図るのは、そうそうラクな道ではない。

また、対話型ＡＩに対して適切な質問を繰り返すことで、回答のレベルを上げるためのプロンプト・エンジニアリングなる言葉も生まれているが、作業の効率化にはつながってもアウトプットの内容は似たようなものになるだろう。

では、現代においてカードを使って情報を整理し、すべて手書きでアウトプットすればいいかというと、差別化にはなってもあまりに非効率だ。

そこで私が提唱したいのが、**「情報収集から情報発信に至るプロセスの一部に、アナログを取り入れる」**ことなのだ。

†「情報の流れ」を意識すると見えてくるもの

ここで次ページの図5・1を見ていただきたい。これは私が考える「情報の流れ」である。

一番左に「情報の収集、発見、気づき」というインプットがあり、真ん中に「情報の分析、加工、編集」があり、一番右に「情報の発信、対話、議論……」といったアウトプットが続く。

つまり、情報を集め、集めた情報を分析・加工し、なんらかの形でアウトプットするわけだ。

基本的にはまず、人から聞いたり自分で思いついたりした「面白い」「役に立つ」などの情報のインプットがある。次に「これはこう考えると面白いかもしれない」などと、分析したり加工したり編集をしたりするプロセスが続く。そして最後にそれを「発信」(アウトプット)するわけだが、アウトプットの方法にも「口頭」や「文章」、目的にも「説得」や「共有」などいろいろな形がある。

◎図5・1

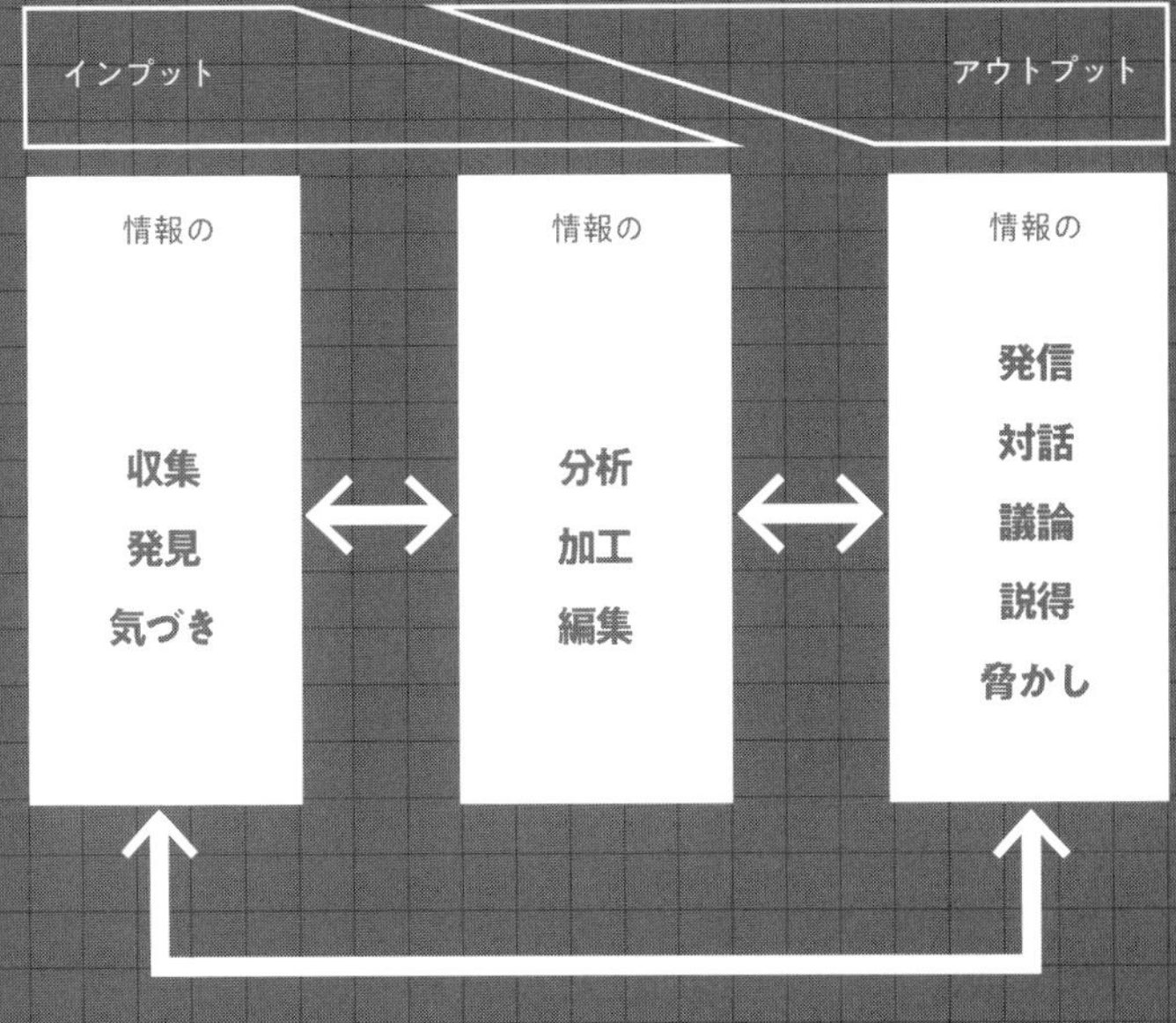

情報の流れは、基本的には左から右に進んでいくが、時に逆に進んだり、ループしたりすることもある。

優れた経営者の情報プロセスは「ループする」

このように、基本的には左から右に進んでいくのだが、ときにプロセスを飛び越えたり、逆に進むこともある。

例えば「これ、面白いな」と思いついたことをすぐ、近くにいる人に「聞いて、聞いて」と発信してしまうケースでは、途中の「分析・加工」のプロセスが飛ばされている。集めた情報が分析を経ずしてスパークし、発信に至ることもあるだろう。私も、雑多な情報があるとき急にまとまって「こんな記事にしたら面白いな」となることが多い。

また、プレゼンという発信をしている際に、上司から「こんな話があるけど、チェックしてみた？」などと新しい情報が入ることもあるだろう。つまり、プロセスが逆に進むわけだ。そして、その情報を元に分析がブラッシュアップされていくとしたら、これは情報がループされたことになる。

情報が一人の人物の中でループすることもある。話しているうちに自分の話したことに触発され、「そうか、そういうことか」と、どんどん新しいひらめきが生まれてくるという状態だ。これは、優秀な経営者によく見られる傾向だ。

✝たった1カ所「アナログ」に変えれば、それだけで違いが出せる

私が言う「デジタルの一部をアナログに置き換える」というのは、このプロセスのどこかに、アナログの要素を入れていくということだ。

とはいえ、これは「資料をパワポではなく手書きで書く」といったことではない。

各プロセスのデジタル、アナログの違いは、143ページの図5・2のようになる。

まずは、情報収集段階におけるデジタルとアナログの違いだが、デジタルがグーグル検索やChatGPTなどインターネットやAIを使った情報収集だとすれば、アナログは直接人から聞いた話や、自分が体験したことになる。書籍などの活字情報はどちらに入れるか微妙だが、今の時代はアナログ情報に含めてしまってもいいかもしれない。

情報の分析・加工におけるデジタルがエクセルやワード、パワーポイントなどのソフトを使ったものだとすれば、アナログというのは、自分の手足を使った情報分析・加工術である。ここには、独自の視点、いわばレンズや切り口といったものも加わってくる。

そして、発信におけるデジタルがSNSやメールだとすれば、発信におけるアナログは直接対話や電話ということになる。

要するに、このうちどのプロセスで差別化をするか、ということであり、それはイコール、「どこにアナログを入れるか」と割り切って考えてみるということなのだ。

アナログとデジタルの話をするとよく「手書きなどのアナログのほうが発想が湧きやすい」「デジタルを用いたほうが効率的だ」というような「どちらが優れている」という論になりがちだが、正直、それはどちらでもいい話で、要はどうすれば差別化が図れるかが大事なのだ。

そして、**差別化の近道は、人のやっていないことをすることだ。それが今の時代においては「アナログ」なのである。**

◎図5・2

情報の各プロセスとデジタル、アナログの違い

	収集	分析・加工	発信
デジタル	●グーグル ●対話型AI ●商用データベース等	●エクセル、ワード、パワーポイント等 ●対話型AI	●メール ●SNS
アナログ	●自分の体験 ●人から直接聞いた話	●自分の手足を使う（文房具、ファイル等） ●独自の視点を持つこと	●直接対話 ●電話 ●口頭でのプレゼン

↑ 若手はここが1番差別化しやすい！

1カ所でも、プロセスのどこかに「アナログ」の要素を入れることが、差別化につながる。

「どこにアナログを入れるか」が差別化となる

✝素人が一番勝ちやすいのは「情報を足で稼ぐ」こと

情報のプロセスの一部にアナログを混ぜることが差別化につながるという話をした。では、どのプロセスにアナログを入れるのが一番効果的なのか。

「発信」にアナログを入れるというのは、本来ならメールで済ませるようなやり取りを直接伝えたり、関係者を集めてプレゼンして伝えるといったことだ。そこで必要とされるのは、相手を感動させるような巧みな話術や、誰もが納得するようなプレゼンのスキルといったものだろう。

ただ、これはなかなか難しい。ある意味「芸」の世界であるからだ。特に若い人にここで差別化せよと言うのは、経験もないのに「スティーブ・ジョブズのプレゼン術を盗め」と言うようなものである。

真ん中の「分析・加工」にアナログを入れるというのは、他の人にはない、独自のユニークな切り口を提示することだ。これもまた非常に重要なことではあるが、やはり、そう簡単ではない。

そうなると一番左の「収集」にアナログを入れるべき、ということになるが、前述したように情報整理で差別化をするのは難しい時代だ。ここはやはり、「情報の収集」そのものにアナログを入れるというのが、最もわかりやすい差別化のポイントだろう。

具体的には、**いろいろな人に会って直接話を聞く、ネットでは得られない書籍や専門的なメディアの情報を足を使って稼ぐ**、などが考えられる。

特に有効なのは「人の話を聞く」ことだろう。人は立場が上がれば上がるほど、一次情報を直接集める時間がなくなるし、そもそも立場が高くなると、現場との本音のコミュニケーションが取りづらくなる。そこで、あなたが現場の生の声を収集することができれば、これは大きな差別化ポイントとなるわけだ。

つまり、素人が玄人(くろうと)に勝ちやすいのが、一次情報の収集だと言えるのだ。

特に昨今のコロナ禍でリモートワークが広がったため、今後は逆に「直接会う」ということが価値になり得る。

とはいえ、玄人ならば若手では得られない独自の人脈を使って情報を得ることなどで、差別化を図ることもできるだろう。足を使って稼ぐことだけがアナログというわけではない。

†コンサル時代に痛感した、発信力の重要性

どこで差別化を図るかは、人によって、そしてキャリアによって変わってくる。自身の経験で言えば、若い頃に私が得意だと思っていたのは情報の分析だった。もともといろいろな問題を解いたり実験したりするのが好きであり、分析こそが自分の領分だと思っていた。

ところが、友達や同僚・上司などと話しているうちに、自分はそもそもの発想やものの見方が違うことに気づいた。プロセスで言えばまさに情報収集での差別化になる。そこで、今度はそこを意識するようになった。

ただ、キャリアを経てくると、単に発想がユニークなだけでは不十分で、それを企画書にまとめたり、会議で他人を説得したりすることも大事だと気づいた。実は私はかつてこの分野が苦手で、どうして人は私の言うことをわかってくれないのかと疑問に思っ

たり、私の言うことが理解できないのは相手が無能だからではないかと考えたことすらあった。もちろん、そんなことはなく、結局これはコミュニケーションの問題なのだ。

とりわけコンサルタントになってから、このことを痛切に感じた。いくら面白いアイデアを思いついても、それが実際にビジネスに結びつかなければ価値は低い。どんなに優れた分析を行い、的確な戦略を導き出したとしても、相手が納得して導入してくれなければ意味はない。大事なのは正しさだけではなく、相手が納得してくれる答えを導き出すことなのだ。

そこで私は、一生懸命に発信力をつけるべく努力した。例えばレポートの書き方については、書式や形式はもちろん、どのような順番で話を組み立てるか、一枚一枚にどのようなメッセージを込めるかまで、先輩から徹底的に鍛えられた。

プレゼンの技術についても、改めて磨き上げた。もともと一対一での対話には自信があったが、ことプレゼンとなるといろいろな問題が浮かび上がってきた。顧客を見ずにスクリーンのほうを見てしまう。一枚一枚の説明に集中しすぎて、全体像がはっきりしない……。こうした問題点を修正するとともに、顧客が何を面白いと感じ、何をつまらないと感じるか、その反応を見ながらプレゼンの最中にやり方を変えるなど、実に様々なノウハウを習得していった。

✝弱点を補強しつつ、「最大の差別化ポイント」を磨き抜く

このように、仕事の立場が上がれば上がるほど、「弱点」を補強していくことが求められるようになる。

ただ一方で、自分はどこで差別化を図るべきかを常に考えていくことを忘れてはならない。**弱点は人並み程度に改善する一方、強みは徹底的に伸ばして自分のセールスポイントにする。**これは第3章で述べた「期待役割」の話に他ならない。

私も様々な能力を伸ばすことを心掛けてきたが、改めて今、自分の差別化ポイントはどこかと考えれば、やはり、「情報の分析・加工」ということになるだろう。

私は書籍を書いたり、メディアに出演したりすることも多いため、情報発信こそが強いと思われているかもしれない。しかし、この部分はようやく人並みにできるようになっただけで、自分の本当の差別化にはならないと思っている。

私の情報発信が強いと感じてくれる人がいるとしたら、それは私が発信する内容について自分独自の切り口を持って取り上げているからだと思う。そして、発信の際にも自

分の切り口で見た中身があるからこそ、その内容をどのような手段で伝えるべきかが判断できる。

例えばコミュニケーションの手段として本がいいのか雑誌がいいのか、あるいはコミュニケーションのスタイルとして対話がいいのか、喧嘩を売るのがいいのかといったことを考えるわけだ。

誤解を恐れずに言ってしまえば、私にとっては情報収集とはフットワークに過ぎず、情報発信は高度な芸の世界ではあるが、あくまで芸に過ぎない。自分の本来の価値というものは、やはり情報の分析・加工の部分で作られると考えている。

議論のレベルを「一段階上げる」には?

では、どうすれば情報の分析・加工で差別化を図ることができるのか。絶対の正解があるわけではないが、一つ、例を挙げてみたい。「外国人労働者」の話だ。

今、あらゆる分野で外国人労働者を認めるかどうかが話題となっている。ここでよく聞く論は「日本の人口が減少する以上、労働者不足は明らかであり、外国人労働者は不可欠である」「人手不足はＡＩやロボットで解消できるから、外国人労働者は必要ない」

「スキルのある外国人労働者のみを受け入れるべき」などだろうか。

これらの論はマクロあるいは定量的な話が多い。そこで逆に、定性的な視点に振ってみると、どうなるか。

将来、ロボットが介護をする時代が来るといわれる。今の若い人なら「それもありかもしれない」と考えるだろう。だが、自分の親をロボットに介護させるとなると、途端に心理的抵抗が大きくなる。親元を離れている人にとっては、「あいつ、自分は都会で好き勝手に暮らして、親の介護はロボット任せかよ」と地元の親戚に陰口を叩かれるのではないかという懸念も出てくる。そう考えたとき、ロボット介護というのは技術の問題より、心理的な壁が大きいことがわかる。

こういう視点を提供できれば、外国人労働者のケースは単なる「人手不足」の問題ではないことがわかってくる。議論のレベルも一段階上がるのではないだろうか。

†日本はすでに世界トップではない、という現実

あるいは、視点を自分たちから「外国人労働者の側」に移してみる。受け入れるか受け入れないかという話以前に、彼らは本当に日本に来てくれるのか。

これは日本人が勘違いしがちなのだが、日本は所得の面ではすでに世界トップクラスではない。アジアではすでにシンガポールに抜かれており、いずれ台湾にも抜かれてしまう可能性がある。一方でタイやベトナムといった国々の所得も向上してきており、日本との差が埋まりつつある。

ならば、同じ海外に働きに行くとしても、所得の高いシンガポールやアメリカ、欧州へ行ったほうがいい。何を好き好んで日本に行くのか、という話になる。こうなると、外国人労働者を受け入れるかどうかという議論より先に、そもそも海外からの労働者に選んでもらうにはどうしたらいいかという話になるのだ。

すると、もはや出稼ぎレベルの人ではなく、「日本なら安全ですよ」「仕事をする環境がこれほど整っていますよ」といった売り文句で、技術を持った専門家を呼ぶといった話になるかもしれない。

もちろん、どこで差別化を図るかは人によって違うはずだ。大事なことは、自分がどこで食っていけるか（あるいは組織の中で差別化できるか）常に意識すること。その部分の腕を徐々に磨いて、自分の強みを確立してほしい。

ビジネスパーソンはSNSを活用すべきか？
――「発信意識」の重要性

SNSを活用する人、しない人の違い

ところで、アウトプットの話をするとよく、「やはり今後はビジネスパーソンも、SNSなどを通じて積極的に情報発信をしていくべきなのでしょうか？」という問いを受ける。私自身がフェイスブックやYouTube、あるいは雑誌への寄稿や書籍執筆などの情報発信をしているからだろう。また、ブログやフェイスブックだけでなく、ツイッターやインスタグラムなどのツールが増えたことで、誰もが容易に情報発信できる時代になっていることも事実である。

この問いに対する答えは、情報発信をなんのために行うかで変わってくる。

私はかつてはコンサルタントであり、その後は長らく大学の教員を務めていた。そういう立場で自分の考えを世の中に伝えていくには、本や講演以外にSNSが役に立つと

思っている。だから使っている。

一方で同じコンサルタントでも、クライアントに対して必要なアウトプットを提供すれば十分だと考える人もいる。あるいは大学教授でも、授業での講義や論文の形で発信することこそが大事だと考える人もいる。そういう人は別にSNSで幅広く不特定多数の人に発信する意味はないだろう。

どちらがいい、悪いではなく、あくまでスタンスの違いだ。

その発信は、「ぐるっと回って返ってくる」か？

言い換えれば、自分はなんのために情報発信を行うのか、あるいは人々は自分に何を期待しているのかに合わせて、発信の方法を決めていく必要があるということだ。

ここで、先ほどの情報の流れを示したプロセス図をもう一度思い出してほしい（139ページの図5・1）。このプロセスは、相互につながっている。もし、発信することによって有益なコメントやフィードバックが得られ、**ぐるっと回って情報収集に役立つとか、情報分析の深みが増すというのなら、SNSで発信することには意味がある**と言えるだろう。

私もかつてはブログに、現在はフェイスブックに投稿することが多いが、そこでもらったコメントから新しい発見が得られることがあり、それは貴重な機会だと思っている。だが、そう思えない人は、無理に発信をすることはない。

SNSで不特定多数とつながろうとする以前に、自分が満足させるべき相手ときちんとコミュニケーションができているかを確認すべきではないかと思う。それは上司かもしれないし、社内の他部門の人間かもしれない。あるいは顧客や取引先だ。

こうした人間が、自分からどんなアウトプットが出てくるのを期待しているのか。「発信」という意味では、そのほうがよほど重要だと私は思う。

†「受け手意識」がないと、頑張れば頑張るほど嫌われる？

ここで意識すべきは「受け手意識」だろう。受け手意識とは、「この情報を受け取る人はどう感じるか」ということだ。

一例を挙げよう。上司から資料作りを頼まれたとする。資料作りももちろん、立派な発信だ。ここで張り切ってとにかく情報を集めまくり、すぐには読み切れないほどの分厚いレポートとして提出したらどうだろう。若いうちなら「頑張ったな」と評価されるかもしれないが、逆に辟易(へきえき)される可能性も高い。

ここでまず考えるべきは「情報を受け取る上司にとって、必要なものは何か」ということなのだ。

そこで、最初にいくつか質問をぶつけて、上司が求めている情報がどういったものかの仮説を立てる。そして少し調べたうえで報告をして、「ああ、ここを深掘りしてくればいい」とでも言ってもらえれば儲けものだ。それ以上手を広げることなく、その分野だけをさらに調査すればいい。これでより相手のニーズに合った資料ができるし、自分の時間も労力も、大幅に短縮できる。これが「受け手意識」である。

これは自分が何を求められているのかという「立ち位置(ポジション)」と「期待役割」の話とも通じる。

言葉のキャッチボールで、論点を明確化

ここで重要なのが「言葉のキャッチボール」だ。相手の求めていることを、何も対話せずに知ることはまず不可能。まずは「言葉のキャッチボール」により、自分が何を求められているかを知るのである。

コンサルタントはこの言葉をよく使う。相手が言ったことに対して「これはつまり?」などと問い返し、相手がそれに答え……ということを繰り返すうちに、内容が絞られてくる。まさにキャッチボールである。では、何を投げ合っているのかといえば、難しい言葉を使えば「論点のキャッチボール」をしているわけだ。

上司と部下、あるいは同僚や顧客との対話の中で、この論点のキャッチボールをすることで、結果として何をしなければいけないのかが見えてきて、それによって初めてどういう情報を収集し発信しなければいけないのかが浮き彫りになってくるのだ。

このあたりは現在話題の対話型AIが進化すれば、代わりにやってくれそうな気もする。

†「配偶者との対話」でも気を抜くな!

仕事において論点のキャッチボールをどんどん試すことで、その精度も上がっていくはずだ。ただ、その気になればどんな会話においてもこの訓練をすることができる。例えば自分の配偶者との会話である。

長年連れ添ってきた配偶者だから、相手が何を考えているか簡単にわかると思ったら大間違い。「ねえ、聞いて。今日こんなことがあったのよ」という会話にまともに反応して、「それはこうすれば解決するはずだ」などと答えを提示したら痛い目に遭うかもしれない。多くの場合は、答えを求めているのではなく、ただ話を聞いてほしいという意味だからだ。したがってこの場合は、頷いたり、同意したり、大変だったねと慰めたりするのが、相手のニーズに応えることになる。

相手が何を考えていて、何を求めているのかを理解することが、自分が情報発信で成功するための第一歩だとすれば、実に有効な訓練となるだろう。

私の情報源①
コンサルタントが最も重視する「現場情報」の集め方

圧倒的にパワフルな「一次情報」の力

パソコンの前に座るヒマがあれば、今すぐ現場に飛び出そう

ここまで、私がどのような意識で情報と接しているかを紹介するとともに、「20の引き出し」「デジタルとアナログの使い分け」という、具体的なアウトプット術についてもご紹介してきた。

ここからは、それらを踏まえた実践編である。私が日々、どんな情報源からどのように情報を得ているかを、順不同でお話ししていきたい。いわば「内田の情報源」である。

さて、情報には大きく分けて、「一次情報」「二次情報」がある。これについてはご存知の方も多いと思うが、「自分が直接見たり、聞いたりしたもの」が一次情報であり、

「人から聞いたもの、あるいは何かで読んだもの」などが二次情報とされる。

二次情報よりも一次情報が大事だというのは、多くの人が言っていることだ。そして、私もそれに全面的に同意する。やはり、**自分が直接見聞きした情報というのは、圧倒的に強い**。

何より臨場感が違う。直接人と会って話を聞くことで、その話の内容だけではなく、細かいニュアンスも伝わってくるし、こちらの思考も刺激される。紙で同じ内容を読んだのとでは、大きな違いがある。

他人に伝える際にも、「これは○○で読んだ情報なのですが」と言うより、「これは○○さんから直接聞いた話なのですが」と言うほうが、説得力は大幅に上がる。

つまり、同じ情報であっても、アウトプットを生み出す力が圧倒的に強いのが一次情報なのだ。特に、デジタルで差がつきにくくなっている時代、ここの部分に「アナログ」を入れることは、大きな差別化ポイントとなる。

だから私はパソコンの前に座っているヒマがあったら、なるべく現場に行ったり、人と会って話したりするようにしている。

✝二次情報にはときに「悪気のないウソ」が混じる

一次情報のパワーを示す例を、一つ挙げよう。ある会社の営業改革プロジェクトを行ったときの話だ。

その会社では、従来の営業のやり方を変え、いわゆる「提案営業」にシフトしようとしていた。だが、本社がいくらそれを訴えても、現場である支店や営業所が一向に動こうとしない。

そこで、なぜやらないのかと本社が現場に問い合わせたところ、顧客からの問い合わせや配送ミスの処理などのトラブル対応に忙殺され、提案書を書いているヒマがないという話だった。そこで、営業を雑務から解放する仕組みを作るべきだという方向で話が進んでいた。

ただ、念のため現場に行ってヒアリングをしたところ、どうも話が違うことがわかってきた。現場が提案営業をやらない理由は、忙しさにあるのではなく、これまで誰も提案書など書いたことがなく、やりたくても手をつけかねているのが本音だったのだ。

しかし、とてもそんなことを本社には言えない。そこで、「忙しい」と言い訳していたのだ。

この一次情報を元に再考を促した結果、他の施策とともに、営業担当者のスキルアップに取り組む必要があるということになったのだ。

ここからわかるのは、一次情報のパワフルさだけではない。**「人から聞いた」「アンケートの結果」といった二次情報には、ときにウソや、ウソとは言わないまでもバイアスがかかっていることも多々ある**ということだ。

†「集めに集めたネット情報」なら、一次情報に勝てるのか？

これに対する反論として、以下のようなものがある。ネットを使えばいろいろな立場の人の声を短時間で大量に集めることができる。一方、直接のコミュニケーションは時間がかかり、深い話を聞けたとしても人数に限りがある。人数が少ない分、情報に偏りも生まれやすい。それならば、多少深みには欠けても、より幅広い多くの情報を取ったほうがいいのではないか、というものだ。

だが、そういった考え方がまさに「網羅思考のワナ」なのだ。さらに言えば、不確実性の高まっている現代において、そもそもあらゆる情報を網羅して正しい答えを出そうという発想に無理がある。

ネットなら大量の情報を仕入れることができるといっても、その情報はあくまで、誰でも拾えるような情報に過ぎない。それをいくらうまく加工したところで、結局アウトプットは同じようなものになってしまい、差別化にはつながらないのだ。

もう一つ触れておきたいのは、「検索」というものの性質についてだ。検索というのは自らがなんらかのキーワードを入力し、それに引っかかったものを拾い上げていくという行為だ。それは裏を返せば、キーワード以外のものに発想が広がりにくい、ということでもある。

もちろん、あるテーマについて基本的な知識をざっと知っておきたい、というときには、私もネットを使っている。だが、そこから何か新しいことが生まれるということは決してない。いくらネット情報を集めたところで、一次情報ほどのパワーは持ち得ないのだ。

†リモート会議は「一次情報」なのか？

コロナ禍により、リモート会議システムを使ったオンラインミーティングが爆発的に広まった。

　では、オンラインでの対話から得られた情報は「一次情報」と言えるのか。もちろん、ネット情報に比べれば圧倒的に情報量は多いだろう。それでも私はできることならば、「リアル」にこだわりたい。

　自分が古い人間だから、ということもあるのかもしれない。しかし、リアルな面会なら、相手が何か言いたそうにしているとか、こちらが言っていることがよく理解できていないといった情報を肌感覚でつかむことができる。これは重要な情報である。

　あるいは、相手の会社に足を運べば、その会社の雰囲気がわかる。受付で対応してくれた人の様子や、掃除が行き届いているかどうかなどで、その会社の社風が伝わってくる。こうした肌感覚の情報は、オンラインではなかなか得ることができないものだ。

　もちろん、オンラインのほうが効率は圧倒的にいい。以前ならミーティングはどんなに詰め込んでも1日3、4件が限度だったが、今なら1日6、7件くらいでも平気でこなすことができる。

　ただ、これもまた「どこで勝負するか」の話だ。オンライン会議が増えてきたならば、逆にリアルに人に会うことで差別化を図ることができる。

膨大な資料を短時間で読み解くための「仮説」と「異常値」

✝とても読み切れないほどの資料……。さて、どうする？

「一次情報」を何よりも重視する私にとって、最も多くの情報を得られる場所こそが「ビジネスの現場」である。現場の社員の話、各種資料、オフィス内や工場の雰囲気など、すべてが貴重な情報源である。

とはいえ、単に現場に行き、人から話を聞いたからといって、有益な一次情報が得られるとは限らない。そのためには情報を集めるスキルや、相手の話を引き出すスキルも重要となる。

まずは、膨大な仕事上の資料から、いかに効率的に情報を得るかについて触れたい。実はこれは、コンサルタントの得意技でもある。

企業のコンサルティングを始める際、その企業の経理・財務データをはじめ、最初に膨大な資料を渡されることが多い。「まずはインプットから」とばかり、これを最初から最後まで丁寧に読もうとすると、それだけでコンサルティングの期間が終わってしまいかねない。

では、必要な情報をどう効率的に拾っていけばいいのか。

ここでも、大事なのはアウトプットから入るアプローチだ。大きく分ければ、二つのパターンがある。一つは、**まず仮説を立てて、それを念頭に置きながら情報を読み解いていくというアプローチ**だ。

「ここに問題があるのではないか」という仮説を事前に立てておき、それが正しいかどうかというスタンスで、情報を読み込んでいく。例えば、「在庫管理に問題があるのではないか」という仮説を立てたら、膨大な情報の中から在庫数の推移や欠品率、出荷までのリードタイムの情報などを中心的に読み込んでいく。こうすることで、ただ漠然と資料を読むよりも情報が効率的に頭に入ってくる。

そして、もし資料の中に求めている情報がなければ、「こういった情報はありませんか？」と担当者に聞いてみる。コンサルタントにとっては王道のアプローチとも言えるだろう。

✝「異常値」が見つかったらチャンス！

そしてもう一つが、**「異常値」あるいは「例外」を見つけようとするアプローチ**である。

異常値とは、「これはちょっと、普通の会社と違うな」「常識と違うな」とか、「ここはどうもよくわからないな」といったもののことを指す。具体的には、同業他社に比べてある部門の人数が極端に少ないとか、ある経費が飛び抜けて多いなどといったことである。

こうした「異常値」を発見したら、チャンスである。担当の人に「ここ、もうちょっと詳しく教えてください」と話を聞いたり、それに関する新たな資料を出してもらったりする。そうしてどんどん深掘りしていくことで、問題の本質にたどり着くことがあるのだ。

コンサルティング時代の事例を紹介したい。ある銀行のケースだが、本部の方針に全く従わないのに、なぜか行く先々で好業績を上げている支店長がいた。

本部としては示しがつかないが、数字を上げているのでなかなか口出しができない。まさに「異常値」である。

そこで早速、その支店長のところに行って話を聞いてみると、面白いことがわかってきた。

当時の本部の方針は、コンピュータを駆使したエリアマーケティングだった。確かにその支店長はコンピュータを使っていなかったのだが、実は紙のノートを使って、それ以上に緻密なデータベースを元にしたマーケティングをやっていたのだ。

結局、その支店長には同じやり方を続けてもらう一方で、彼のやっていることを本部の方針に反映するよう提案。結果として、より効果の上がるエリアマーケティングが可能になった。

資料の読み方もやはり「ポジション」で決まる?

「仮説」から入るアプローチが王道だとしたら、「異常値」から入るアプローチは、より差別化を意識したものと言える。

私はどちらのアプローチも好きであったが、どちらを選ぶべきかは、やはりアウトプットから考えるべきだろう。

自分が全体像を的確に把握することを求められるポジションにいるならば、やはりまずは「仮説」から入るアプローチを取るべきだろう。だが、チームの中でユニークな発見を求められる立場にいるとしたら、「異常値」から入るアプローチで、誰も気づかなかった視点を提示すべきかもしれない。

自分がどんな立場で、どのような切り口で資料を読めばいいかがわかれば、資料を読むスピードも、そこから必要な情報を得る精度も、自然と増してくる。**「まずはインプットから」と漫然と資料を読むことこそ、時間のムダ**なのである。

✝資料とはもらうものではない。「出してもらう」ものだ

ここでもう一つ、資料は「与えられるもの」だけではなく、「出してもらうもの」だという意識を持つことにも言及しておきたい。

これもコンサルティングの例で言えば、会社の財務諸表などは、こちらが黙っていても出てくる。

◎図6・1

資料からの情報収集、２つのアプローチ

「仮説」のフィルターを通す

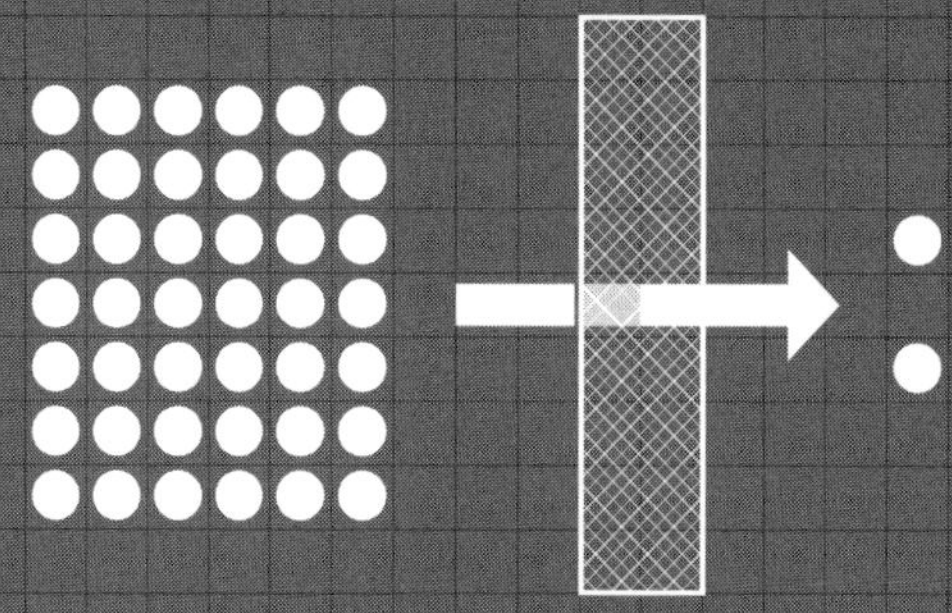

「異常値」を見つけ出す

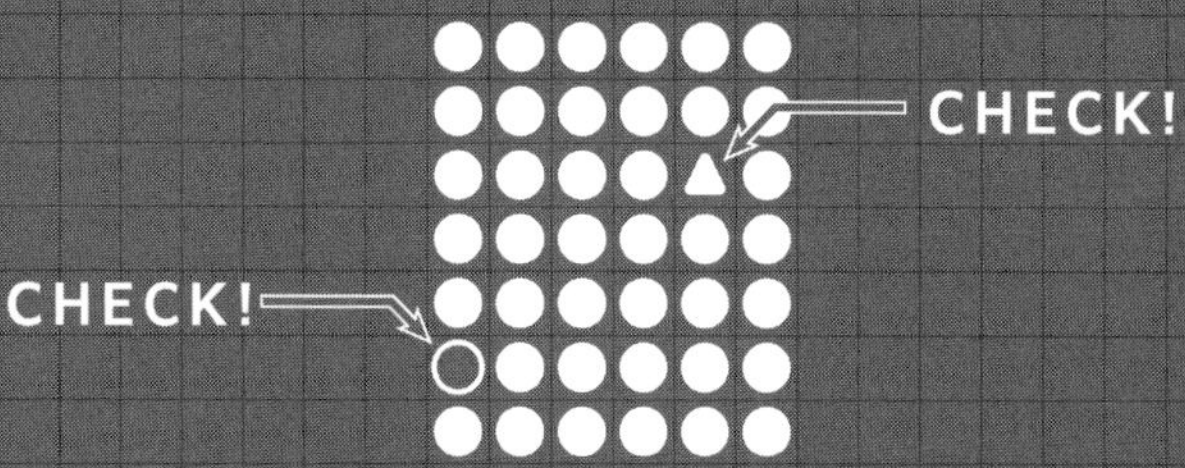

膨大な情報を「まずはひたすらインプット」しようとすると、時間ばかりが過ぎてしまう。ここでも最初に「アウトプット」をイメージすることが大事。

一方、例えば「社史」や「お客様センターの過去1年分のログ」などは、普通は言わないと出てこない。だが、こうした資料の中に課題解決のヒントが隠れているということは多々ある。

もちろん、たくさんの資料を請求すればするほどいい、というわけではない。その気になれば資料はいくらでも出てくるから、キリがない。

†「正確性」ばかりにこだわると、お金も時間も足りなくなる

この状態を、医者の診察にたとえてみよう。

何はともあれ治療の正確さにこだわる、というのなら、あらゆる患者に対して人間ドック並みの検査を行ってから治療を始めればいい。だが、そんなことをやっていたら医者も患者も大変だし、時間もお金もかかってしょうがない。保険制度もきっと、破綻してしまうことだろう。

だから普通の医者は、患者に簡単に症状を聞き、「胸に問題があるのかな」などと仮説を立て、まずは肺のレントゲンを撮ってみる、という手順を取る。あるいは、「ちょっと顔色がいつもより悪いようだ」という異常値を見つけて、そこから症状を導き出し

ていく。結果的にこのほうが、より早く、的確な治療を行うことができる。

仕事における情報収集も、これと同じことである。問題意識や仮説を持って資料に臨み、必要な情報だけをなるべく早く手に入れる、というスタンスが重要なのだ。

現場から最大限の情報を得る「トリプルタスクの会話術」

会話のたびに「モード」を意識する

次に、「話を聞く」というアプローチによる情報収集のコツについて述べていきたい。これは主に、仕事の現場でのヒアリングや会議の場での情報収集ということになるだろう。

ここでまず思い出してほしいのが、第2章で紹介した「対話の際の情報の差」の図（61ページ）である。

お互いの持っている情報の差を理解しておけば、必要な情報を効率的に得ることができるだけでなく、相手との円滑なコミュニケーションが図れる。短時間で得られる情報を最大化するためには必須である。

そして、ここでも大事なのはアウトプットを意識することだ。今回は、話を一方的に聞くのが目的なのか、話をまとめて結論を出すのが目的なのか、斬新なアイデアを出すのが目的なのか、相手を説得することが目的なのか、あるいは、チーム全体を盛り上げて一つの方向に向かわせるのが目的なのか……。

これは、第5章で挙げた情報の流れの図（139ページ）のうちの「情報の収集」「情報の分析・加工」「情報の発信」のどの部分に自分がいるのかを意識するということでもある。これが明確になれば、会話や会議に臨むにあたり、「どんなモードでいくべきか」がはっきりする。

このモードがはっきりしないと、無駄に時間を費やすことになりかねない。

例えば、なるべく本音の意見を収集したい場合は、とにかく会話を盛り上げることで話しやすい雰囲気を作る、という手段が有効かもしれない。

だが、そろそろ結論に向けて意見をまとめていくフェーズだとしたら、あちこちに会話が飛んでいってしまい、終わってみたら何も有益な話ができなかった、ということになりかねない。

「右脳と左脳の使い分け」で、話しながら情報を得る

ここで重要なのが、「常に二人の自分を持つ」ということだ。**目の前の議論に熱くなりつつも、どこか頭の片隅にクールな考えを持つ自分がいる、**というイメージである。いわば、「常に頭の複数の部分を働かせる」ということだ。

会議や会話の場では、目の前の話に集中し、会話に参加するということがまず大前提だ。だがその一方で、当初設定した目的に沿って「ここはそろそろ、まとめに入るべきだな」「ちょっと雰囲気が悪くなってきているので、空気を変えなくては」といったことも考えながら進めていく必要がある。

つまり、目の前の会話に集中しつつも、脳の別の箇所でより冷静に物事を見ているということである。

コンサルティング業界の人が「幽体離脱」という言葉を使うことがあるが、それに近いイメージだろう。私は、「脳みそを二つに割る」とか「左脳と右脳を使い分ける」といった表現を使う。ほぼ同じことだ。

真剣に目の前の話を理解しようとする脳と、それを分析しようとする脳が同時に働いている、というイメージだ。コンピュータで言うところのマルチタスクである。

「トリプルタスク」なら、説教までもが情報源に！

ここで、さらに高度なスキルを紹介したい。それが「トリプルタスクの頭の使い方」である。

会議や会話の場はいろいろな人の話が飛び交う、絶好の「情報源」である。目的に向けて話を進めていく中で、「今回の話とは関係ないけれど、これ、面白いじゃないか」というネタは、意識していればいくつも見つかる。だから、そうしたネタをピックアップするもう一つの脳を同時に働かせることで、有益な情報が数多く手に入る。これが三つめの脳の役割だ。

これができるようになると、会議だけでなく日常のあらゆる場面が情報源になり得る。例えば上司の説教を受けながら、「なるほど、この上司はこういうことが嫌いなのだな」とか、「そもそも、なぜ人は怒ると同じことを何度も繰り返してしゃべるのだろう」などと、その状況を客観的に眺めることができる。すると、くだらない説教タイムも多少は、有意義な時間になるというものだ。

これは決して難しいことではない。私は常々、人間というものは、得手不得手はあれど二つ以上のことを同時にこなす能力を持っていると思っている。テレビを観ながらSNSをするとか、電話をしながらパソコンで文章を作るなどということも、二つのことを同時にしているということに他ならない。

要は、普段の会話や対話の中でそれを意識するかしないかだ。私は比較的自然と、そういう頭の使い方ができるようになったが、もしそれが苦手だということなら、まずは意識することから始めてみるといいだろう。

その際に、「20の引き出し」はきっと役に立つはずだ。自分の頭の中にこの引き出しがあると、情報に対する感度が格段に高まる。

もちろん、あまり情報収集ばかりに意識を向けていると、「こいつ、俺の話をちゃんと聞いているのか」ということにもなりかねないので、ご注意を。

◎図6・2

「トリプルタスク」での会話とは？

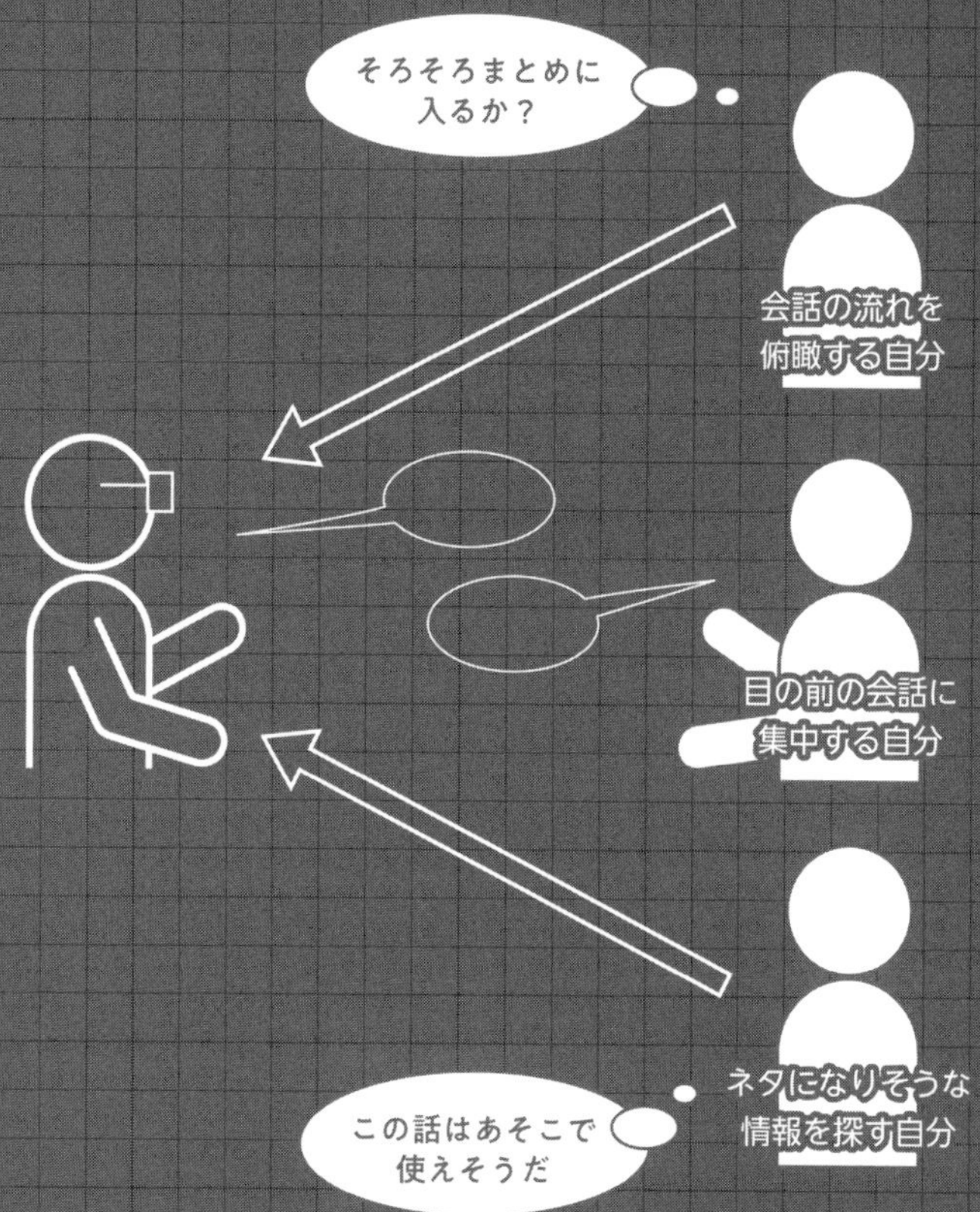

トリプルタスクを意識すると、日常のすべての会話が貴重な情報源になる。

✝行き詰まったら「現場」に行こう

「情報は現場で探せ」――これが、私のモットーでもある。日々事件が起きているのは、なんといっても会議室ではなく現場だからである。

その企業に何か問題点があるとすれば、その症状が一番見える形で現れるのが現場であり、その企業が優れたマネジメントをしていれば、やはりそれが一番わかりやすく現れるのも現場なのである。

現場ばかり見ていると、「木を見て森を見ず」になってしまわないかと考える人もいるだろう。確かに、その懸念はある。現場で起きていることばかりに引っ張られ、たった一つの出来事から全体を語ろうとするという問題は、しばしば起こる。

それでも私が「現場」にこだわり続ける理由は、コンサルタントとしての私の「哲学」の問題でもあり、同時に「期待役割」の話でもある。

コンサルタントの仕事相手は、経営者や経営幹部といった立場の人たちであることが多い。現場が得意な経営者というのは、意外と少ないもの。だから、現場で拾ってきた新鮮な話を伝えることが、それだけで差別化になり得るのだ。

差別化は、相手と同じ土俵にいるとやりにくいものだ。

例えば私が工場のラインで働く作業員に「これはこうしたほうがムダがないですよ」などと作業手順についてアドバイスしたところで、「素人が何言ってるの」と、なかなか相手にしてもらえないだろう。

一方、相手と違う土俵に立てば、差別化は比較的容易になる。同じラインの作業員に対して、「ですが、この作業のムダが会社全体では年間○○億円にもなるんですよ」という伝え方をすれば、向こうも耳を貸さざるを得なくなるはずだ。

皆さんも、もし行き詰まったら現場に行ってみるといい。きっと、何か新しい発見があるはずだ。

自分だけの情報源「人脈ネットワーク」の作り方

✝ギブ不要。テイクだけで済む関係とは？

一次情報を得るためには、いつでも話を聞ける、様々な立場の多くの人々から成るネットワークを持つことが、大きな強みになる。

そうした関係の基本はやはり「ギブ&テイク」だ。自分も情報を出すし、相手からももらう。そうしたいい関係があれば、関係は長続きする。

「自分は誰かに提供できるような情報を持っていない」と考える人もいるかもしれない。こう考える人にアドバイスするとしたら、まずは「テイクだけで済む関係を大切にしよう」ということだ。

それは誰かといえば、昔からの友人に他ならない。

私も初めての業界のコンサルティングを担当する際、もちろん、書籍などで勉強もするのだが、一番役に立ったのは古くからの友人の情報だった。その業界に勤めている友人のところに行き、「俺はなんにも知らないんで教えてくれ」と素直に頼むのだ。友人のありがたみが一番身に沁みた瞬間であった。

社会人になった直後はまだ、そうした友人のありがたさがわからないかもしれない。だが、きっと年を追うごとにわかってくるはずだ。40〜50代になってから急に同窓会など古くからの友人とのつきあいが活発化することがあるが、それもそうした理由からだろう。月並みな助言になってしまうが、友人は大事にしておくべきだ。

✝出世頭より「ドロップアウト組」とつきあうべき

同じ会社の友人でもいいのだが、どうしても視点が似通ってしまいがちだ。全く違った世界の人とのつきあいからは、いろいろな刺激が受けられる。

「あいつは一流商社に入ったから、コネを持っておくと便利だ」というような発想ではない。自分と異なる世界にいる人物だからこそ価値がある。そういう意味では、同じ業界の大手企業に入った友人よりも、全然違う業種の人や芸術系の道を歩んでいる人、主婦や主夫といった家庭に入った人、あるいは**定職にもつかずフラフラしている友人から**

のほうがよほど刺激を受けられる、ということになるだろう。

私の周りにも、シェフや芸術家といった全く違う世界の人と好んでつきあう人が多い。普段は得られない刺激が得られる、というのがその理由だが、確かにそうなのだろう。

†人脈拡大に禁じ手はない

ちなみに、そういう意味で私に多くの「異質」を与えてくれたのは、学生たちとのつきあいである。30歳も40歳も年の離れた人たちとの会話は、何が流行っているのか、どういう価値観を持っているのか、どんなことを考えているのかなど、いろいろな発見に満ちている。

特に私が教えていたビジネススクールの授業は、教師が一方的に教えるのではなく、生徒も積極的に発言するインタラクティブなものである。特に課題を与えて考えさせるというケーススタディを重視しているが、そこで出てくる学生の意見やアイデアを聞いていると、私とは全く異なった視点からの発想もあり、多くの気づきが得られる。

例えば、戦略を教えるクラスで日本の電機メーカーの戦略について語っているときに、韓国や台湾からの留学生が、韓国メーカーや台湾メーカーがいかにアグレッシブに人材を確保したり、鍛えているかを語ることがある。それにより、私を含めた日本人は、戦略以前にリスクを取らなくなっている日本企業について考えざるを得なくなる。

あるいは、楽天やソフトバンクなどの新興企業に勤める人間から、時間こそが競争優位の源泉であるから、できるだけ素早い意思決定をして、もし間違えたらやり直せばよいという意見が出る。それに対して、伝統的大企業の人間からは、リスクはどう回避するのか、あるいはどうやって上を説得するのかなどの質問が出る。意思決定のポイントが企業によって全く異なっていることに気づかされるのだ。

人脈を広げるのに、禁じ手があるわけではない。交流会などに積極的に出るのもいいだろう。私も若い頃、転勤で大阪にいたときにある勉強会にもぐり込んで勉強したことがある。より多くの異質と触れ合う機会を大事にしたい。

†「嫌なヤツ」と積極的につきあえ!?

さらに、できれば異質な人だけでなく「自分とウマの合わないヤツ」、あるいはさらに進めて「嫌なヤツとつきあえ」ということも、ぜひ伝えておきたい。

私はこのことを、ビジネススクール時代に学んだ。

大学生までは基本的に、気の合う人間とだけつきあえばいい世界だ。また、会社ではいろいろな人とつきあわねばならないとはいえ、基本的には共通認識を持った人の集まりである。こうした人間関係の中だけにいると、どうしても均質化、同質化してくるという傾向がある。

だが、ビジネススクールというところはいろいろな企業、そして国から様々な人間が集まる世界だ。当然、考え方が合わない人間もいれば、どうもウマが合わずに一緒にいるだけで居心地が悪いような人もいる。

そうした人たちとの会話は楽しいものではないのだが、一方で「こんな考え方をする人もいるのか」ということを知るのは、大きな発見であった。

そのため私はビジネススクール卒業後も、そうした異質な人たちとのつきあいは続けた。別に積極的に働きかけるわけではなく、同窓会に顔を出すとか、たまに食事をするとか、そのくらいのものである。

だが、それでもやはり会うことでいろいろな発見があるし、最初からそういうスタンスでいれば、その人の気に入らないところも逆に勉強の材料となる。

さて、この考え方を応用してみていただきたい。もし、あなたが嫌で嫌で仕方がない上司の下で働いていたとする。だが、そこでグチをこぼすばかりでなく、「なんでこんなに嫌な考え方をするのか、ちょっと観察して理由を探ってみよう」と、異質を知るいい機会だと捉えてしまうのだ。

そうすれば気もラクになるだろうし、反面教師という言葉もあるように、それはきっとあなたにいろいろな情報と成長の機会を与えてくれるはずだ。その際、先ほど述べた「トリプルタスクの頭の使い方」が役に立つだろう。

逆に言えば、仲のいい上司というのは考え方が同じ、ということでもある。それは悪いことではないが、あまりその関係にどっぷりとつかってしまうと、成長の機会が失われるかもしれないということは知っておきたい。

専門家とのコネクションはこう作る

✝臆せず「著者」に連絡してみよう

異質な人とのコネクションも重要だが、その道の専門家と呼ばれる人とのつながりも、情報収集においてはやはり重要だ。アイデアのための情報なら「友人から聞きました」でいいが、意思決定のための情報や、相手を説得するための情報となると、その信憑性が問われる。その際、「専門家の〇〇氏から直接うかがったのですが」という話は、大きな武器となる。

では、どのように専門家とつながるか。これは私もコンサルタント時代にずいぶんと使わせてもらったワザなのだが、いろいろな雑誌に論文を書いたり寄稿していたり、あるいは書籍を何冊も出しているような人にコンタクトを取ると、突然の連絡にもかかわらず、かなりの確率で会ってくれるのだ。

というのも、著者の関係者や編集者はえてして、どんな原稿に対しても「素晴らしい原稿ですね」「今回も面白かったです」くらいのことしか言わない。著者側もそれはうすうすわかっている。だからこそ、**著者は自分の書いたものが本当はどう受け止められているのか、知りたくてしょうがない**のだ。

だから、「あの論文を読ませていただきました。ぜひ一度ご面会の機会を」などとお願いすると、驚くほど簡単に会ってくれる。実際、私はコンサルタント時代に、この方法で多くの専門家とのネットワークを築くことができた。

これは別に、私がコンサルタントだったから、ということではないはずだ。文章を書く人というのは、一人でも多くの読者に読んでもらいたい、生の意見を聞きたいと思っているものだ。

最近では本の著者略歴に直通のメールアドレスが載っていたり、自身のSNSやホームページから直接連絡が取れることも多い。専門家とのネットワークが非常に作りやすい時代、これを利用しない手はない。

†若いうちは「テイク&テイク」でも構わない

先ほど、情報は基本的に「ギブ&テイク」が大事だという話をした。だが、自分が専門家に与えられる情報などあるのかと考える人もいるだろう。

だが私は、特に若いうちは**「ギブ&テイクなど考えず、とにかく借りまくれ」**と言ってしまいたいと思う。

若いビジネスパーソンが、仕事のスペシャリストやプロフェッショナルに貸しを与えるなど、所詮は無理なことだ。だから最初は借りまくる。そうしてできた借りは、自分が成長するにつれて徐々に返していけばいい。いわば出世払いである。そう割り切ってしまうのだ。

ひょっとしたら時間が経ちすぎて、結局、借りた本人には返せないかもしれないが、それはそれで仕方がない。ならば今度は自分が若い人に返していけばいい。そうやって世界は動いているというのが私の持論。だから、遠慮なく借りてしまえばいい。

それに、上の立場の人も、自分が少しでも何か教えたり与えたりした人に対しては親近感が湧くものだ。

銀行と同じようなもので、せっかく何かを貸した人が途中で潰れてしまうのは、残念なことだ。そのために、もっとしっかり応援してやるか、という気になってくれるもの。そうなると仲間意識のようなものも芽生え、そのつきあいはより強固なものになる。

さらに、これは実際に自分が経験を積んでいくにしたがってわかってくることだが、若い人に何かを聞かれて教えるというのは、意外と楽しいものなのだ。やはり人間、自分の存在を評価してもらえるとか、発言を評価してもらえるとか、気に留めてもらえるということは、いくつになっても嬉しい。

そして、これは私自身も同じである。ＢＣＧ時代も今も、会いたいと言ってきた人は基本的に誰でも断ったことがない。

もちろん、それが何かに発展して、その後もつきあいが続く、ということはあまりない。だが、多くの人と話すことで私自身が気づきを得られることもあったし、それこそ、私自身が若い頃に作った借りを返すことでもあると思っている。

現場での情報収集のために「ガジェット」にこだわる

✝実は「文房具評論家」になりたかった!?

私は自他ともに認める「ガジェットおたく」である。コンサルタントとして成功しなかったら、ステーショナリー（文房具）評論家になろうと本気で思っていたことがあるくらいだ。

ガジェットとは英語のgadgetからきており、便利な小物・文房具、あるいはしゃれた機器・電子製品といったものを指す。

では、なぜ私がこうしたガジェットにこだわるのか、といえば、まずは何より「好きだから」と言う他ない。今も昔も、新しいガジェットに目がなく、発売されると真っ先に買い求めた。

20代の頃には初代ウォークマンを買い、カシオが出した事実上の初めての市販デジカメである「QV―10」も持っていた。他にもハンドヘルドコンピュータや、「PalmPilot」という小型PDA（携帯情報端末）など、多くのエポックメイキングな製品の初代モデルを買っている。

世界初のノートブックパソコンである東芝ダイナブックも当然のように購入した。最近の軽量パソコンに比べると2・7キロと相当に重かったのだが、それでも持ち運びが可能ということで出張先まで持ち歩いては、インタビューのメモをそれで取ったりしてクライアントの方に奇妙な目で見られたりしたものだ。新しいものを人より早く使ってみないと気が済まないという、普及理論でいうところの典型的な「イノベーター」なのである。

別にお金があったわけではない。ビジネススクールに自費で通って収入ゼロだった時代ですら、20万円以上もする音声多重のビデオデッキを購入したこともある。好きだから、と言う他ない。

思考を中断されないということが大事

前にも述べたが、多くの人は「仕事」と「作業」を混同しがちだ。「ある目的を達成すること」が仕事であり、「その目的を達成するための手段」が作業である。当然、ビジネスパーソンにより求められているのは「仕事」である。

こうしたガジェットを使いこなすことのメリットは、明らかに「作業」の効率化である。そういう意味では、ガジェットの話は知的生産の技術の本筋ではない。

だが、こうしたガジェットを使いこなして作業を効率化することで、明らかに「仕事」の質も上がってくる。正確には「仕事に便利だ」というよりも「仕事の邪魔をされずに済む」と言ったほうがいいかもしれない。

仕事も思考も「勢い」が大事だ。例えばいいアイデアがスパークしたときなどは、思考が一気にとめどなく溢れ出てきて、メモを取るスピードすら追いつかないと感じることがある。そんなとき、ペンの書き心地が悪かったり、入力に手間取るような端末を使っていたら、思考も中断してしまう。

逆にそこにストレスがなければ、思考をどんどん深めることができる。ちなみにペンについては私は長年、「ジェットストリーム」という三菱鉛筆製のボールペンを使っているが、これがもしなくなってしまったら本当に困るため、常に大量の予備を持っている。

そもそも、人間が持つアウトプットの手段は、どんなに便利なものであっても、脳の働きよりはよほど遅い。書くよりはしゃべるほうが速くはあるが、やはり思考スピードには敵わない。それでも、なんとかその**思考スピードに迫ることができれば、その分、生産性は高くなる**ということだ。

†ストレスなく情報収集をするために

そんな私が使っているガジェットだが、やはりスマホは非常に便利な道具である。以前はPDAやデジタルカメラなどを持ち歩いていたが、今やスマホ一台でそのすべての機能を果たすことができる。私は初代以来のiPhoneユーザーで、その他iPad miniも活用している。

ただ、やはり文章を書く際にはパソコンを使う。パソコンは持ち運び用の軽いものを含め複数台持っている。

ただ、アイデアを思いつくのは必ずしも座っているときとは限らない。そこで重宝しているのがiPhoneの「GoodNotes（グッドノート）」や「Notion（ノーション）」というアプリだ。グッドノートはいわば手書きメモのスマホ版。以前はロディアのメモが気に入っており今でも使ってはいるが、このアプリ導入後は手書きの頻度が大幅に減った。手書きメモには手書きの良さがあるが、グッドノートには紙のメモと違い用紙のサイズを気にせずに好きなように書き込めるという利点がある。

また、ノーションは最近非常によく使っているアプリだが、フォルダが階層化できるので便利だ。例えばある講演の内容を思いついたら、そのフォルダの中にどんどん書き込んでいく。メモとテキストエディタの中間みたいな感じと言えるかもしれない。

情報収集に使うのはクラウド型のサービスとして有名なEvernote（エバーノート）だ。これは簡単に言えば、ネット上に保存できるメモ帳である。ただし、文章だけでなく画像も簡単に保存できるのが特徴で、街を歩いていて気になったものをスマホで撮影してそのままアップしたりもできるので便利だ。また、レストランで飲んだワインが気に入ったので、今度は自分で買ってみようと思ったときなど、プライベートにも役立てている。

このメモ帳（エバーノート）はファイルをフォルダに分類したり、後から検索しやすいようにタグという自分で決めた目印をつけておくことができるが、そのあたりはあまり細かくやっていない。

私のように複数のガジェットを使う場合、それをクラウドサービスでどう同期させるかは非常に重要となる。後でメモしたものや書いたものが見つからないとなると、それは大きなストレスになってしまうからだ。

情報整理そのものが目的になってしまっては本末転倒だが、後述する「キョロキョロする好奇心」を生かすためには、ストレスのない情報収集の道具を揃えておくこともまた、重要だ。

もちろんここに書いたものはあくまで私の例であり、使いやすさには当然、個人差がある。だから読者の皆さんも私と同様に、まずはともあれ使ってみて、自分に一番合った、ストレスのないものを選んでほしい。

私の情報源②

新聞・雑誌、本、テレビ、ネット……
各種メディアとのつきあい方

「書籍」は好き勝手に読んでしまっていい

「二次情報」と「一・五次情報」とは?

一次情報がいかにパワフルかをここまで述べてきたわけだが、一次情報を手に入れるには時間も手間もかかる。新聞やテレビ、雑誌、書籍、ネットなどのメディアから情報を入手することももちろん重要だ。いわゆる「二次情報」である。

ちなみに私は二次情報をもう少し細分化して、二つに分けて考えている。

一つめが、いわゆる世間で言うところの二次情報というもの。つまり、新聞や雑誌などに載っている情報、インターネット上の各種サイトやデータベースから誰でも引き出せる情報、といったものだ。

二つめは、それらの情報に自分の経験から得られた話や考察などを加えたものである。こうなると、単なる二次情報とは違って、独自な見方や考え方が少しは含まれることなる。書籍や新聞・雑誌・オンラインメディアの署名記事、個人ブログなどがこれにあたるだろう。「一・五次情報」と言ってもいいかもしれない。

私が紙媒体を好む理由

最初に、「好き嫌い」の話をしてしまえば、私はテレビや動画よりも、書籍や新聞・雑誌などの紙媒体のほうが好きである。

理由はいくつかあるが、やはり私の情報に対するスタンスが大いに影響しているだろう。

数ある情報の中でも、私は「アイデアの元になる情報」を最も重視している。こうした情報を得るためには、網羅的に情報を漁るというよりも、「何か面白いことがないかな」という視点で情報をチェックして、気になったものを頭の中でマークし、「20の引き出し」に入れていくほうがいい。そして、こうした情報の読み方をするにあたっては、紙媒体のほうが便利なのである。新聞や雑誌、書籍といった紙メディアはテレビと違って自分が読みたい記事だけ、あるいは好きな記事だけを選んで読めるからだ。

一方、テレビは基本的に受け身のメディアである。発信者が発信したとおりに情報を受け取らざるを得ない。また、ある部分をすっ飛ばしたり、ある部分を考えながらゆっくり深く観るといった情報の取捨選択も難しい。これが私にとってはあまり心地よくない、ということである。

とはいえ、これはあくまで好みの問題である。どのメディアが優れていてどのメディアが劣っているということはなく、それぞれ目的に合わせて使い分ければいい。私だってテレビも観ればネットも使う。

その使い分けは人それぞれだと思うが、以下、私にとっての使い分けをご紹介していきたい。

✝ 著者の意図は無視。感情移入も不要

まずは書籍である。本離れが進んでいるなどと言われているが、本は今も昔も、私にとって重要な情報源の一つだ。別にビジネス書だけではない。小説やノンフィクション、あるいはコミックスまで、あらゆる本を読む。そして、気になる箇所があればどんどん線を引いたり、書き込みをしたり、付箋を立てたりする。

電子書籍も使うが、急いでその本を手に入れなくてはならない場合や、やはり急ぎで

情報をサッと頭に入れなくてはならない場合に限られる。紙の本のほうが書き込みなどがやりやすいからだ。電子書籍にもマーカー機能などがあり、それを活用するのもいいかもしれないが、私は使っていない。

書き込みや付箋の貼り方に、特にルールは決めていない。書き込みはそのとき持っている筆記具を使う。色もまちまちだ。付箋も色や貼り方にルールを設けているわけではない。筆記具も付箋もなければ、そのページに折り目をつけてしまう。

この分野ではかつて、齋藤孝氏が提唱する「三色ボールペン」による色分けがブームになった。これは、「客観的に見て最も重要な箇所」に赤ボールペンで、「客観的に見てそれなりに重要なところ」に青ボールペンで、「主観的に、つまり自分自身が面白いと思った箇所」に緑ボールペンで線を引くというもので、なるほど優れたメソッドであると思う。だが、私にはこうしたやり方は少々面倒に思えてしまうのだ。

それは、本に対して求めているものが違う、ということかもしれない。

本というものはおおむね、「著者の主張を知るためのもの」と考えられているはずだ。もちろん、それは間違いではないし、そもそも私自身も本を書く身として、一つの主張を立ててそれを元に論を進めていく。つまり本とは、「著者の文脈」で組み立てられているものなのだ。

私も小説を読むときには、すっかり感情移入をしてその世界に入り込む。だが、それ以外の本に関しては、**「著者の文脈」を完全に無視して、「自分にとって役に立つか」「面白いか」という視点で読んでしまう**のだ。そして、アンテナに反応したところのみ、印をつけたり書き込みをしたりして、頭の中に入れていく。つまり、齋藤氏のメソッドのうち「緑のボールペン」の箇所のみをチェックしていることになるだろう。

✝線を引き、付箋を貼る。後は何もしない

では、読み終わった本をどうするかというと、取り立てて何かするわけではない。気になるページのコピーを取ったり、ワープロで打ち直したり、スキャンしてデータベース化する、というようなこともほとんどしない。

要は、そのときペンを使って印をつける、あるいは付箋をつけるという行為そのものが大事だと考えているのだ。そうすることで、脳の引き出しにより強く刻み込まれ、忘れにくくなる。いわば、「思考の目印」だ。これを私は「脳にレ点を打つ」と言ってい

る。

こんなことでは後で忘れてしまうのではないか、と思われそうだが、**忘れてしまうような情報はそもそも重要ではなかった**と割り切っている。また、正確には覚えていなくても、どの本に書いてあったかくらいは意外と覚えているもの。必要があれば本棚から取り出して、線や付箋をたどっていけばいいわけだ。

このような読み方をしている以上、当然、著者の最も言いたいことを私が重要な情報として拾うとは限らない。著者にとっては大したことのないことが、私にとって重要な情報になることもあれば、ときに著者の意図と反対のことを頭に入れることもある。

本の読み方も、最初から最後までじっくり、ということは少ない。途中まで読んでそのまま、という本もある。著者の方に怒られてしまいそうな読書法ではあるが、私はそれでいいと思っている。

最短で情報を手に入れる「アウトプットから始める読書術」

また、これは半ば無意識的にやっていることだが、ある本を読む前に、その本を読む

「目的」を明確にして、それに応じた読み方をしている。まさに「アウトプットから始める読書」だ。

例えば、著者やタイトルを見てピンときて買う本。これは、この本には何か面白いことが書いてあるに違いないという、ある種の勘で買ったわけだから、こちらもそのような意識で読む。つまり、何か自分の脳を刺激するような情報がないか、探っていくような読み方だ。

逆にベストセラーのような本は、「話のタネにでもなれば」くらいの気持ちで読むことが多い。こちらはもう少し気楽に、「何か面白いことがあればいいけど、なければないでいいや」くらいの気持ちで読むイメージだ。

一方、ある情報について深く知る必要がある場合は、必要な情報の検索をかけるような読み方をする。意思決定について知りたいなら、意思決定論の本を片っ端から買ってきて、意思決定に関係ありそうなキーワードを意識しながら、一気に目を通したりするわけだ。

†日本の国語教育を無視してしまおう

このように目的はいろいろだが、共通しているのは**「著者の文脈は気にせず、こちらの文脈で読む」**ということだ。

ちなみに、これは「差別化」という意味でも重要だ。ある著者の主張をきっちり理解したところで、それは人の考えの受け売りに過ぎない。そして、本というものは読めば読むほど、そうした「受け売り」の傾向が強くなってしまうものとも言える。いくら多くの本を読んだところで、その本の内容や著者の主張を理解しているというだけでは、差別化は図れない。

日本の学校の国語教育では普通、「著者の意図を理解する」ことを文章を読む目的としている。「この文章で著者が伝えたかったことは何か？」という設問がよく国語のテストで出てくるのも、そのためだ。ちなみに私は昔からこうした読み方をしていたせいか、学生時代、国語がずっと苦手だった。

そうした教育を受けてきたため、私が提唱する読み方に抵抗感がある人も多いかもしれない。だが一度、あえてこれまでの読み方から距離を置き、自分の文脈で自分の思ったとおりに本を読んでみる、という体験に挑戦してほしい。

雑誌・テレビから「一・五次情報」を得る

†同じ紙媒体でも、雑誌と書籍は大きく違う?

次は雑誌である。雑誌は、「書籍・雑誌」と一くくりにして扱われることが多い。だが、実は大きな違いがある。それは「主観」と「客観」である。

前述したように書籍（本）は著者の主張であり、主観そのものである。それに対して雑誌、とりわけビジネス誌は、記者や編集者が見たり、聞いたりしたことをベースに書かれていることが多い。

もちろん、雑誌にもいろいろあるので一概には言えないが、基本的には取り上げている人物なり企業なりが何をしたか、言ったかという事実を扱っているその点においては客観的と言える。

インタビュー記事がその典型だ。インタビューというのは、そのインタビューを受けた人の発言には違いないが、記者あるいはライターのフィルターを通して文章化したものである。著者が自分の言いたいことを一方的に伝える本とは、その点で異なる。本よりは第三者的視点を持っている点で、ある程度客観性がある、と言っていいだろう。

また雑誌の場合、インタビュー時の写真など、ビジュアル要素が充実しているという面も大きい。コミュニケーションにおいては、言語情報よりも聴覚情報、聴覚情報よりも視覚情報のほうが伝わりやすいというが、実際、著者の写真があるだけでも、得られる情報量が格段に増える。

雑誌の記事が本当に客観的かというと、もちろん、そんなことはない。雑誌にもその雑誌の「文脈」はある。この人をこう見せたい、こういう情報を読み取ってほしいという意図の下に、雑誌は作られている。いわば、一次情報に近い二次情報ということで、「一・五次情報」と言うべきだろう。一次情報が得られないか、あるいは得るにはコストがかかりすぎるときに、それで間に合わせる、というような使い方だ。

客観性のある情報のほうが、自分でそれを編集しやすい、というメリットもある。そういったことを踏まえ、私の雑誌活用のスタンスは、本に比べると、「調べる」「理解する」「情報を得る」という目的のために使うことが多いと言える。

†テレビを観ながら「さらにその奥」を推測する

雑誌と似た使い方をしているのが、実はテレビである。

特に、私がよく観るドキュメンタリー番組、例えば、『カンブリア宮殿』や『ガイアの夜明け』といった番組では、その傾向が強い。

これらの番組は、ある一人の人物ないしは一つの企業に焦点をあてて紹介する、というものだ。その際、なるべくその人の人となりや経営の仕方、リーダーシップの本質、あるいは商品開発のプロセスなどを理解しようとしながら観ることが多い。雑誌と同様に第三者が間に入ること、そして視覚情報が入ることにより、より客観的な情報が得られるからだ。

特にテレビとなると、声も聞こえれば表情の微妙な変化もわかる。言っていることよりもその表情が、本心を雄弁に語っているようなことはよくある。

あるいは、意図しないものが映り込むこともある。番組が伝えようとしていることよりも、**画面の端のほうに映っている人や社内の様子から、多くの情報が得られることも**

ある。これは他のメディアではあまり得られない、テレビ独自の特徴だろう。

つまり、ダラダラとテレビを見続けるのではなく、そこに出ている人や企業のことを理解しようと努めたり、表情などから微妙な変化を読み取るといった見方をすることで、さらに多くの情報を得られるのだ。

ただ、テレビにしても雑誌にしても、あくまで「一・五次情報」であることは忘れてはならない。テレビでインタビューを観たからといって、それを直接聞いたことのように思い込むのは危険だ。

もはや速報性がない「新聞」。それでも読むべき理由とは？

†日経新聞幹部が語る「新聞だけのメリット」

私にとって新聞の位置づけはある意味、書籍に近いかもしれない。「何か面白いことはないかな」というような位置づけ、つまりはネタ収集という意識で読むことが多い。「ニュースならネットで十分」という人は多い。確かに一理ある。特に速報性に関しては、もはや新聞はネットに逆立ちしても勝てない。

ただ、ネットでは得られない新聞のメリットがある。それは「寄り道ができる」ということだ。

以前、日本経済新聞社の幹部と議論しているときに、その人が面白いことを言っていた。

「ネットに比べて、紙媒体の利点は寄り道ができることだ。すなわち新聞でも雑誌でも、自分が興味ある記事の隣や次のページにある全く関係ない記事に寄り道することができるという意味だ。それによって、思わぬ発見や発想の広がりが生まれる」

これは、人によっては「逆なのではないか？」と思われるかもしれない。つまり、ネットであればリンクが張ってある先に飛んでみたり、気になるワードで検索をかけたりすることができる。つまり、ネットのほうが寄り道しやすいのではないか、ということだ。

だが、ネット上での寄り道はあくまで「関係のあるもの」だけである。要するに「芋づる式のつながり」でしかないのである。例えば価格戦略について調べていて、インドの超低価格車の情報や高級ブランドの情報にたどり着くことはあるかもしれないが、それと全く関係ない情報へ飛ぶことはあまりない。

それに対して**新聞では、自分が読みたい記事と全く興味のない記事が隣に並んでいたりする**。ある企業の価格戦略の記事の横に、それとは全く関係のないユニークな新製品の情報が載っていたりする。そこについ「寄り道」してしまうことで、思わぬスパークが生まれることがあるのだ。

†「身だしなみ」としての新聞は……

私はこの幹部の話を聞いていて、自分も小さい頃に、何か特定のことを調べるわけでもないのに百科事典を読んだり、地図帳を意味もなくめくっていたことを思い出した。何かを調べるのではなく、百科事典の適当なページを開いて読んでいくのである。あるいは、何かを調べたついでに、すぐ隣にある関係のない項目が気になってつい読んでしまったりする。そうして、子供にもかかわらず妙な言葉を覚えたりしたものだ。また、地図帳は基本的に単なる記号と文字の羅列なのだが、これを眺めていると、私の想像はどんどん膨らんでいったものだ。これもまた、想像力を養うのに役立ったのではないかと思う。

人間たまには寄り道をしないと、ものの見方や知識が偏ったり、貧相になってしまうということではないだろうか。何かヒントがないかという視点で新聞を毎日読むことは、それを防ぐいいトレーニングになるかもしれない。

また、新聞には、ある意味古典的な役割もある。それは「会話の身だしなみ」ということ。取引先を訪問した際、「今日の新聞にこんな記事が出ていましたが」というような話になることは結構多い。それに対して「そうなんですか。知りませんでした」というのは、あまり格好のいいことではない。そういった意味で、新聞を読むことはまさに「身だしなみ」なのだ。

しかし、若い人がこれだけ新聞を読まなくなると、こうした身だしなみとしての役割も、もう数年で完全に過去の遺物となっていくのかもしれない。

ただ、これも一概に悪いこととは言えない。というのも、読む人が少なくなればなるほど、新聞は「レア」な情報源となるからだ。

爆発的に増大する「ネット情報」との距離の取り方

†情報収集は驚異的なほど便利になった

そして、インターネット上の情報である。

私はもともと、大学でコンピュータを専攻しており、卒業後も、普通のビジネスパーソンよりはよほど早くから仕事にパソコンを活用し、インターネットを利用し、今でもパソコンやスマホなどのガジェットは、常に最新のものを使っている。

そんな自分でもつくづく、近年の「得られる情報の爆発的な増大」には驚くことがある。以前なら数時間かけて探していた資料が一瞬で見つかり、数百冊分の本が薄い情報端末の中に入ってしまう。日本だけでなく世界の最新ニュースをリアルタイムで知ることもできれば、図書館や資料室に足を運ばなければ得られなかったような各種統計数字も、ネット検索でぱっと出てくる。

インターネットの発達により、一昔前と比べて、情報収集は驚くほど便利になった。

では、ネット上の情報をひたすら収集することで、人と差別化できる情報が得られるかというと、そうは思えない。

✝ニセの情報でも広まってしまうネットの怖さ

一つ、面白い例を挙げよう。以前聞いたある調査結果なのだが、渋谷の女子高生十数名にわざとニセの情報を流して、２週間ほどたってから調査をした。すると、驚くべきことに、渋谷の女子高生の90％以上がそのニセの情報を知っていた、というのだ。

この例は二つのことを示している。一つは、ネットが発達した現代、いまや情報はすぐに「誰でも知っている」状態になってしまうこと。つまり、すぐに陳腐化してしまうのである。

そしてもう一つが、**「広まった情報が正しいとは限らない」**ということ。「ネット上でこんなに話題になっています」「これだけ多くのサイトで言及されています」ということが、イコール「正しいこと」とは限らないということだ。

†SNSの時代だからこそ、SNSに頼らない

では、SNSはどうだろうか。例えばブログは著者があるスタンスから情報発信しているわけだから、私の言うところの「一・五次情報」ではある。だが、ブログの情報をひたすら集めたところで、それだけで差別化を図るのはなかなか難しい。それらは結局、誰もがアクセスできる情報に過ぎないからだ。

私もごくたまに、ツイッターを見て面白いネタを探したりすることもあるが、基本的には新しい情報を求めてネット上の情報を探るということはあまりない。

もちろん、今や多くの人がSNSから情報を得ていることは事実で、私の考え方は古いのかもしれない。だが、それならそれで、誰もがSNSから情報を得ている以上、ここで差別化はできないということになるわけだ。

結局、ネットというものは、下調べなどの「作業」に使うべきだというのが私の結論だ。そして、そうした「作業」に関しては、確かにネットは極めて便利である。大いに活用すればいいと思う。

◎図7・1

各メディアから情報を得る際のスタンス

著者の意図ではなく、あくまで「自分にとって面白い情報」を探す。あるいは、特定のテーマについての情報を得る。気になった箇所は線を引いたり、付箋を立てたりする。

インタビュー記事などを中心に「1・5次情報」を得るために活用。気になった記事は切り抜いて「袋ファイル」に入れることも。

雑誌と同様に、インタビューやドキュメンタリーなどから1・5次情報を得るために活用。さらに、映り込んだ情報から「その裏にある意味」を探ることも。

基本はネタの収集。関係のない記事に寄り道することで、「スパーク」のきっかけに。気になった記事は切り抜いて「袋ファイル」に入れることも。

あくまで「特定の情報の下調べ用」と割り切ったうえで活用。アイデアのためのネタ収集にはあまり向かないが、たまにSNSを見ることも。

†「正しい答え」を追いかけてはならない

どんなメディアから情報を得るにしても、一つだけ言っておきたいことがある。前にも述べたことではあるが、そもそも世の中には**「役に立つ情報」はあっても、「絶対的に正しい情報などは存在しない」**ということだ。

「ネットで多く出回っている情報が正しい情報」ではないことは、先ほど述べたとおりだ。さらに、例えば前述の外国人労働者の件についても、「日本の少子高齢化を考えれば必須」という意見も、「心理面を考えると早々に決断すべきではない」という意見も、どちらも真実だ。どのスタンスから見るかで、情報の正しさは違ってくる。

もちろん、アカデミックの世界では別だろうが、ことビジネスの世界において「絶対に正しい情報」を求めることには、あまり意味がないと思うのだ。

また、これも繰り返しになるが、現在では情報ソースにおける「権威」がなくなっている。つまり、「この情報さえ押さえておけばＯＫ」というものがもはや存在しない。

一方で、ＳＮＳの情報の中にも、重要な情報がある。つまり、どのメディアから情報を取るにしても、自分のスタンスを決めたうえで、「どの情報を選ぶべきか」を自分で決めなくてはならない時代になっているということだ。

✝一次情報すらも疑ってかかるべき

実は、これは一次情報についても言える。一次情報がパワフルであることは事実だが、その重要性は「パラダイムが変わる時代か、変わらない時代か」によって大きく違ってくる。

例えば人事制度について、今後も正社員・終身雇用の流れがずっと続くというのなら、過去の人事担当者やOBから聞いた一次情報は有効である。だが、そのパラダイムが大きく変わろうとしているとき、もはや終身雇用制など意味がないというのなら、その一次情報の価値は途端に下がってしまう。

江戸時代から明治になろうとしている時代に、隣の藩の情報や武士にとっての礼儀作法のあり方といった情報は、正直どうでもいいが、それと同じである。

だからといって「過去の話は通用しない」ということでもない。パラダイムが変わっても大事なことはある。つまり、そのあたりの見極めも、自分のスタンスによって行わなくてはならないということだ。

「海外情報」とのつきあい方

† 世界の情報を得るのは「ズレ」を知りたいから

私はもともと年に3回くらいは海外に出て、視察と称して現地の情報を肌感覚でつかもうとしてきた。コロナ禍であまり海外に行けなくなってからも、英語ニュースはなるべく見たり聞いたりするようにしている。多いのはブルームバーグやBBCといったメディアだ。

別に海外のニュースのほうが価値が高い、と言いたいわけではない。ただ、日本のテレビや新聞で取り上げられないようなニュースを得ることで、自分の「ズレ」を修正するのに活用している。

ズレとは何か。典型的だったのが、コロナ禍における各国の対応だ。

日本では2023年初め頃まで、コロナ禍により人が集まる場所ではマスクの使用が推奨され、道行く人もほとんどがマスクをしていた。しかし、フランスなどはかなり早い段階からマスクをしなくなり、みんな自由に行動し、海外にも行っていた。アメリカも同様だ。こうした国々はすでに経済活動を再開させており、マクロの事実として、世界経済はプラスに転じている。

しかし、日本の状況しか知らないと、「経済活動が再開されるのはまだ先の話だ」と思いがちだ。例えばこれが「ズレ」である。

他にもアメリカのニュースなどを見ていると、裁判に関する報道が非常に多いことがわかる。それも、ＧＡＦＡＭに対する規制に関する裁判や、企業と労働者との間の裁判といったものがそのディテールまで含めて報じられている。その内容ももちろんだが、アメリカという国の世相を知るうえでも役に立つ。

†最先端はどこにでもある

ここで誤解してほしくないのは、「世界の最先端にキャッチアップするために海外の情報を得ようとしている」というスタンスではないということだ。

確かに以前はアメリカで発生した最先端のトレンドがその後、日本にも広がるということがしばしばあった。ＩＴの世界で言えば、今はもっぱら中国が最先端だ。デジタル決済などはむしろ中国から日本に広がっていった。

それだけではなく、今や分野によっては新興国や途上国と言われる国のほうがはるかに進んでいることも多い。一例を挙げればリモート診療だ。なかなか進まない日本に対し、実はアフリカには日本よりもよほどリモート診療が進んだ国がある。

アフリカは国土が広く、医師の数は少なく、医療網も整備されていなかった。そのため地方に住む人が医療サービスを受けるためには、リモート診療が不可欠だ。そうした必要性からリモート診療がどんどん進んでいった。医薬品や血液をドローンで運ぶといったことさえ行われている。

このように、新興国で技術やインフラがむしろ先進国より速いスピードで進むことを「リープフロッグ現象」と呼ぶ。典型的なのが携帯電話やモバイル決済の普及である。インフラが整っていなかったからこそ、新しい技術がすぐに浸透したのである。

残念ながらもう、日本は世界の最先端ではないのだ。

◉図7・2

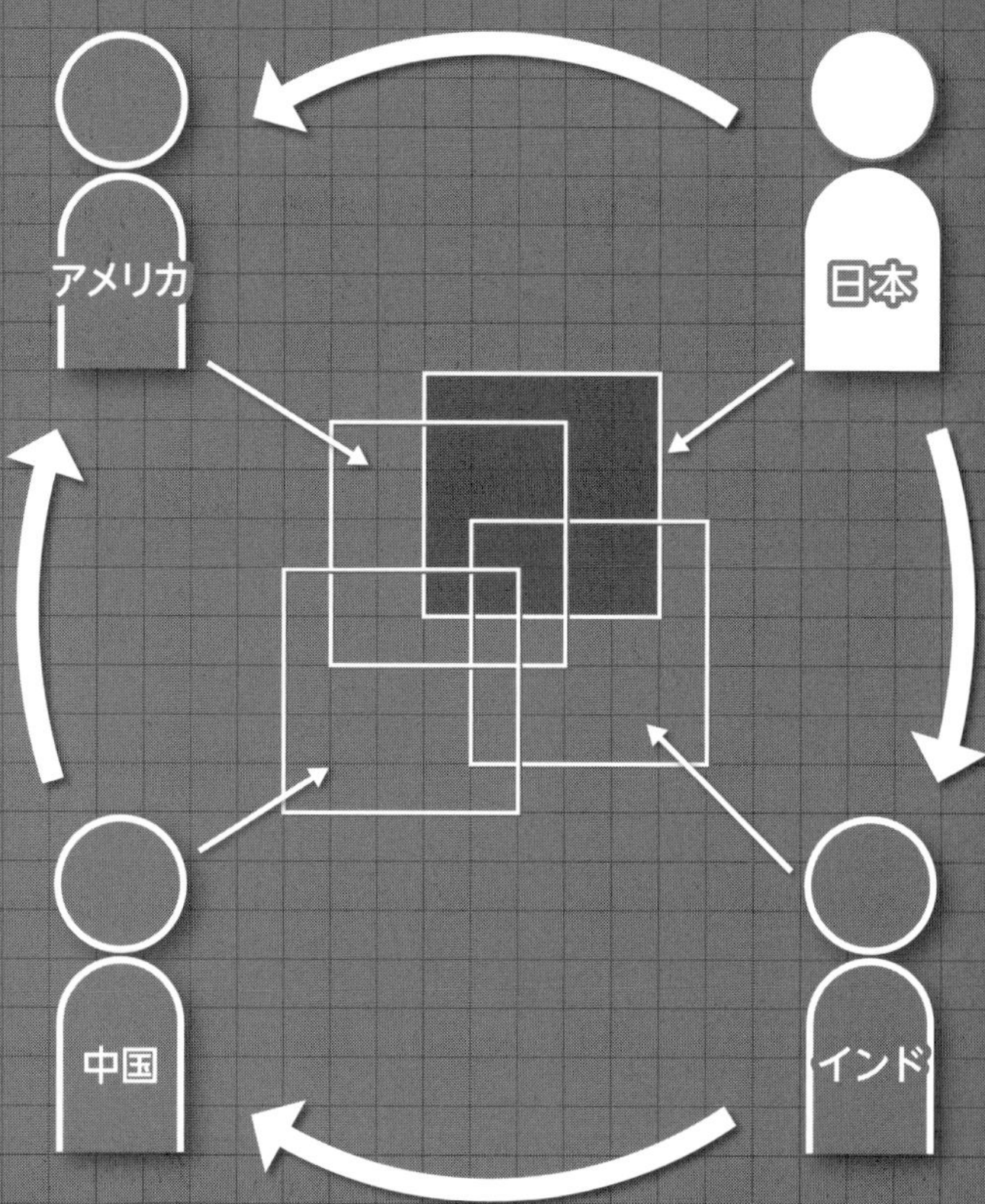

同じ情報でも、海外から見てみるとその「ズレ」が見えてくる。
そのズレにこそ、重要なヒントが隠されていることが多い。

その先だ。

†キャッチアップより「自分の土俵を作る」こと

だからこそ「海外の情報源から最先端の知識を得る」と考えるのはいい。大事なのは最先端を知り、「それにキャッチアップしていこう」という発想では、今後の日本の発展はないように思うのだ。

ＩＴで最先端を走ろうにも、優秀なＩＴ人材が世界中から集まるアメリカや、国を挙げてＩＴ技術を高めようとしている中国に追いつき、追い越すのは容易ではない。かといって最先端のモノ作りに回帰しようとしたところで、人件費の安い東南アジアなどと張り合えるのか、という話になる。

つまり、**最先端を知ったうえで、「それに追いつこう」とするのではなく、「どこで勝負すべきか」を考えるべき**だと思うのだ。

参考になるのが、芸能やファッションの分野において大きな強みを発揮している韓国だ。以前のようなモノ作り大国の面影はあまりないが、こうした分野では圧倒的な強みを誇っている。「どこで勝負するのか」を明確にしたからこその結果だろう。また、韓国の場合は国内市場があまり大きくないからこそ、最初からグローバルを狙っているというのも特徴だ。

日本の場合、私が可能性を感じるのは、和食だ。ヘルシーでスタイリッシュだと世界中で評価されている和食だが、世界規模の和食チェーンはまだ存在しない。大戸屋や丸亀製麺など世界に進出する企業は増えているが、その中からマクドナルドやケンタッキーのようなブランドが生まれてくる可能性は十分にあるのではないだろうか。

つまり、世界の情報はもちろん集めるべきだが、それを見て「追いつかなくては」と考えるのではなく、「では、どこで強みを発揮すべきか」を考えることこそが大事だということ。いわば「自分の土俵を作ってしまう」のだ。

「キョロキョロする好奇心」で、日常すべてが情報の宝庫に

✝「電車通勤する経営トップ」の凄み

これは、花王の元会長である後藤卓也氏が講演でおっしゃっていたことで、私の前著『右脳思考を鍛える』（東洋経済新報社）でも紹介したのだが、重要なことなので再度ご紹介したい。後藤氏の言葉で「キョロキョロする好奇心」というものについてである。

後藤氏は電車で通勤することが多いそうなのだが（大企業のトップとしては、これだけでも特筆すべきことだ！）、そのときに電車の中でいろいろなものを見るのだという。例えば電車の中吊りの雑誌の広告を見れば、世の中で今何が話題になっているかがおおよそわかる。あるいは、みんながどんな格好をしているか、あるいは何をしているのかを観察すれば、そこからもいろいろな発見がある。これを後藤氏は、「キョロキョロする好奇心」と呼んでいるわけだ。

情報を得られるのは人や各種メディアからだけとは限らない。日ごろから問題意識を持っていれば、あるいは「20の引き出し」を頭の中に持っておくことで、日常のあらゆる場面がヒントの宝庫になる。

「消費者動向を調べるぞ!」とパソコンに向かう愚

実際、これは私が日ごろやっていることとそっくりだ。私も電車通勤派であるが、この移動時間こそが、絶好の情報収集の場だと考えている。コロナ禍で一時的に電車通勤をやめていたが、状況を見つつなるべく電車に乗るようにしている。やはり外に出ないと世相がわからないと感じるからだ。

電車内の広告だったり、駅のポスターだったり、人の流れだったり、何かにつながりそうなヒントは山ほどある。私の場合は観察に加えて、スマホで写真を撮ることも多い。

ちなみに、撮った写真を後で眺めると、自分の興味・関心がどこにあるかがわかってなかなか面白い。ただ、後で撮った写真を整理したりすることはほとんどない。むしろ、写真を撮るという行為そのものが、「脳にレ点を打つ」ことになる。それが大事なのだ。

後藤氏の話に戻ると、氏に言わせれば電車の中で携帯やスマホばかりいじり、会社に着いて初めて「今日は消費者のことを調べるぞ」などという社員には、絶対に消費者のことがわかるわけがないそうだ。花王の社員に対しても、このことを言っていたとのこと。全く同感である。

スマホやパソコンの画面をじーっと眺めていれば、ビジネスや商品のアイデアが浮かぶほど世の中甘くはない。あるいは消費者に何が欲しいかを聞いたところで、ダイレクトに商品化につながる答えが返ってくることもない。消費者の行動や言動を注意深く観察することで初めて、消費者自身も自覚していない潜在化したニーズを掘り起こすことができるのだ。

まさに花王の強さの理由がわかる、後藤氏の言葉であった。

†究極は、自然と情報が「入ってきてしまう」

「キョロキョロする好奇心」があれば、まさに日常すべての時間が情報の宝庫と化す。好奇心はもちろんだが、問題意識を持つことも大事だろう。

自分の問題意識、関心のある分野をはっきりさせておくことで、街を歩いている中で目に入ってきたものを意識せずにスクリーニングして、「これって、もしかしたら」「一回この店をのぞいてみようか」「このグッズ、面白そうだから使ってみようか」、あるいは「これっておかしいな。どうしてなんだろうか」などと、いろいろなことに気づくことができる。

例えば私はコンサルタントであり、ビジネススクールの教授であったから、経営について人一倍問題意識を持っている。だからたまに一人で食事に行ったりすると、ついついその飲食店の経営について考えてしまう。

この店のメインターゲットの顧客層はサラリーマンなのか、ＯＬなのか、それとも主婦なのか。客単価はどのくらいなのか。比較的空いているが、これで採算が合うのだろうか……。こんなことを考えながら食事をしておいしいのかと言われてしまいそうだが、ごく自然にそういうことを考えてしまうのだ。

これが、別の問題意識を持った人ならまた別の情報を捉えることだろう。「あ、この食材とこの食材を組み合わせるとおいしいな。今度うちでやってみよう」「先ほどのサービスはなかなか気が利いていた。うちの店でも使えるかもしれないな」などである。

興味・関心の対象はなんでもいい。問題意識と好奇心を持てば、日常の何気ない風景や出来事から仕事のヒントや営業上の話題などがいくらでも得られる。

✝問題意識があれば、ムダな時間は皆無となる

それに何より、ムダな時間がなくなるというのがいい。例えば電車内が混んでいて本も読めないような状況だとしても、中吊り広告を見て「ああ、今こんなことが話題になっているんだな」という情報を得たり、車窓から見る風景から「この街にはずいぶん新しい建築物が増えているようだが、人気が高まっているのだろうか」などと考えてみたりする。

あるいは先ほどの後藤氏の話にもあるように、乗客を観察することは、大いにヒントになる。

例えば一昔前は、出社時のビジネスパーソンはみな日経新聞を読んでいたものだが、今はほとんど見なくなっている。さらにマンガ雑誌を読んでいる人や、携帯ゲーム機でゲームをしている人もめっきり減った。今は電車の中で何かやっている人はほとんどスマホをいじっている。ＳＮＳや動画を見たり、ゲームをしたり、あるいは本や新聞・雑

誌さえもスマホを使って読んでいる。スマホでショッピングしている人も多い。一体、これらの変化はなぜ起こったのか？

そうしたことを考えるのは消費者の動向をつかむ大きなヒントになるし、頭脳トレーニングにもなる。あまりキョロキョロしすぎて変な人と思われてもいけないが、こうしていると時間もあっという間に過ぎてしまう。

会社での地位が上がり、毎日タクシーやお抱え運転手の車で出勤や移動をするようになると、そうした現場感とか生活感覚をつかみにくくなる。経営者、経営幹部クラスの人は、少々気をつけておいたほうがいいかもしれない。

おわりに

この本の元となる『プロの知的生産術』（ＰＨＰビジネス新書）を発刊してからすでに10年以上が経ちました。その間、ＩＴ技術はますます進化しているので、自分の情報を整理する方法もそれに合わせて変化してきました。

例えばメモを取る手段はロディアのような紙のノートから、Evernoteあるいは Notionのようなスマホ、ＰＣ、タブレット上のアプリにシフトしました。また、紙の資料をスキャンする方法も、スキャナーという専用機を使う方法からスマホでスキャンする方法に変わっています。

しかしながら、扱う情報の情報源については、相変わらず紙の書籍や新聞・雑誌、電車の中の広告、街を歩いての観察、さらには人との会話と変わっていません。

情報収集の道具は変わりましたが、情報源は相変わらず一緒で、いかに人と違うものの見方ができるか、あるいは新しいことを生み出せるかに注力しています。

私も情報収集を効率的に行うという意味では、対話型ＡＩは大いに活用しています。しかし、それはあくまでも情報収集の手段であって、アウトプットそのものにはしません。別の言い方をすれば、ＣｈａｔＧＰＴのようなものが出てきた今だからこそ、人と違う発想法が今まで以上に重要になると考えています。


本書執筆にあたっては、前著同様ＰＨＰ研究所書籍編集部の吉村健太郎氏に大変お世話になりました。ありがとうございました。

また、内田ゼミ卒業生の皆さんには原稿を読んでもらっていくつもの有益なアドバイスをいただきましたので、お名前を記してお礼申し上げます。

掛谷誠さん、楠卓郎さん、鈴木ゆき穂さん、田口友紀子さん、谷島大知さん、島本洋裕さん、中西美鈴さん、仁科奏さん、増田明子さん、間世田淑子さん

本書に書いてあることは理屈というより、すべて私が実践してきたことです。寄り道や失敗を重ねながらようやくたどり着いた方法論といえます。皆さんには私と同じだけ

の努力をするのではなく、できればショートカットで自分流のアウトプットを生み出す方法を身につけてください。

そしてＡＩに置き換えられる人材ではなく、よりクリエイティブな人間になるため、ＡＩツールを活用する側に立ってほしいと願っています。

本書は２０１１年刊『プロの知的生産術』（ＰＨＰビジネス新書）に大幅な加筆・訂正を行い、１冊にまとめたものです。

〈著者略歴〉

内田和成（うちだ・かずなり）

早稲田大学名誉教授

東京大学工学部卒業後、日本航空入社。在職中に慶應義塾大学大学院経営管理研究科修了（MBA）。その後、ボストン・コンサルティング・グループ（BCG）入社。同社のパートナー、シニア・ヴァイス・プレジデントを経て、2000年から2004年までBCG日本代表を務める。

この間ハイテク、情報通信サービス、自動車業界を中心にマーケティング戦略、新規事業戦略、グローバル戦略の策定、実行支援を数多く経験。2006年度には「世界の有力コンサルタント、トップ25人」に選出。

2006年、早稲田大学教授に就任。早稲田大学ビジネススクールでは競争戦略やリーダーシップを教えるかたわら、エグゼクティブプログラムに力を入れる。早稲田会議創設。早稲田大学ビジネススクールと日本経済新聞のコラボレーション企画『MBAエッセンシャルズ』創設。

著書に『仮説思考』『論点思考』『右脳思考』『イノベーションの競争戦略』（以上、東洋経済新報社）、『異業種競争戦略』『ゲーム・チェンジャーの競争戦略』『リーダーの戦い方』（以上、日本経済新聞出版）、『意思決定入門』（日経ＢＰ）など多数。累計50万部以上。

twitter : @kazuchida

YouTube : https://www.youtube.com/@kazuchida/streams

facebook : https://www.facebook.com/kaz.uchida/

装丁――――竹内雄二

本文デザイン・図表――――齋藤　稔（株式会社ジーラム）

編集協力――――スタジオ・チャックモール

アウトプット思考
——1の情報から10の答えを導き出すプロの技術

2023年7月7日　第1版第1刷発行
2023年7月28日　第1版第2刷発行

著者　内田和成
発行者　永田貴之
発行所　株式会社PHP研究所
東京本部　〒135-8137　江東区豊洲5-6-52
ビジネス・教養出版部　☎03-3520-9619（編集）
普及部　☎03-3520-9630（販売）
京都本部　〒601-8411　京都市南区西九条北ノ内町11
PHP INTERFACE　https://www.php.co.jp/

組版　有限会社エヴリ・シンク
印刷所
製本所　図書印刷株式会社

ISBN978-4-569-84688-0